LENDO
O ANTIGO
TESTAMENTO
SOB A ÓTICA
JUDAICA

EVAN MOFFIC
LENDO O ANTIGO TESTAMENTO SOB A ÓTICA JUDAICA

UM ESTUDO
DA BÍBLIA
QUE JESUS LIA

Copyright © 2021 por
Abingdon Press
Título original: *Reading the Old Testament Through Jewish Eyes*
Publicado originalmente por Abingdon Press (Nashville, Tennessee, EUA).

1ª edição: fevereiro de 2023

Tradução
Robinson Malkomes

Revisão
Lucília Marques
Letras Reformadas

Diagramação
Sonia Peticov

Capa
Rafael Brum

Editor
Aldo Menezes

Coordenador de produção
Mauro Terrengui

Impressão e acabamento
Imprensa da Fé

As opiniões, as interpretações e os conceitos emitidos nesta obra são de responsabilidade do autor e não refletem necessariamente o ponto de vista da Hagnos.

Todos os direitos desta edição reservados à
Editora Hagnos Ltda.
Rua Geraldo Flausino Gomes, 42, conj. 41
CEP 04575-060 — São Paulo, SP
Tel.: (11) 5990-3308

E-mail: hagnos@hagnos.com.br
Home page: www.hagnos.com.br

Dados Internacionais de Catalogação na Publicação (CIP)
Angélica Ilacqua CRB-8/7057

Moffic, Evan

Lendo o Antigo Testamento sob a ótica judaica: um estudo da Bíblia que Jesus lia / Evan Moffic; tradução de Robinson Malkomes. – São Paulo: Hagnos, 2023.

ISBN 978-85-7742-385-9
Título original: Reading the Old Testament Through Jewish Eyes

1. Bíblia A. T. – Estudo e ensino 2. Jesus Cristo 3. Bíblia judaica I. Título II. Malkomes, Robinson

23-0525   CDD 251

Índices para catálogo sistemático:
1. Bíblia – Estudo e ensino

SUMÁRIO

‹ CAPÍTULO UM • A TORÁ..................... 7

‹ CAPÍTULO DOIS • GÊNESIS.................. 35

‹ CAPÍTULO TRÊS • ÊXODO 63

‹ CAPÍTULO QUATRO • LEVÍTICO 91

‹ CAPÍTULO CINCO • NÚMEROS 125

‹ CAPÍTULO SEIS • DEUTERONÔMIO 151

⟨ CAPÍTULO UM ⟩

A TORÁ

DOIS ANOS ATRÁS, recebi um convite inesperado. O presidente de um famoso seminário cristão disse-me que a instituição havia recebido um rolo da Torá como doação. E estavam preparando uma cerimônia de consagração. Então, perguntou-me se eu estava disposto a participar da cerimônia fazendo uma oração.

Fiquei curioso. Rolos da Torá geralmente ficam em sinagogas ou museus. Fiquei imaginando o que o seminário faria com aquele rolo. Iriam simplesmente colocá-lo em exposição na biblioteca ou em algum museu? Ou tinham a intenção de estudá-lo e aprender com ele?

Logo recebi a resposta. A doação do rolo fazia parte de um projeto mais amplo que tinha como propósito ajudar os cristãos no estudo da Torá. Um filantropo do estado americano de Minnesota havia doado mais de trinta rolos para seminários de várias partes do mundo.

Durante a cerimônia, um dos professores do seminário observou: "Nossas raízes são bem mais profundas e abrangentes do que pensamos. Jesus participava das festas religiosas. Ele ensinava com base nos versículos da Torá. Quando passei a entender isso e li a Torá, tudo fez sentido de um modo completamente novo".

Durante a cerimônia, a Torá foi lida, e sua mensagem, examinada. Eu era o último na lista de oradores e deveria encerrar com uma oração de dois minutos. Redigi uma oração que remeteu os presentes à origem daquele rolo específico em uma cidadezinha da Polônia no início do século 18. Eu disse que o homem que o havia redigido jamais imaginaria que as palavras que ele escrevera no pergaminho seriam estudadas trezentos anos depois — em Chicago, nos Estados Unidos — por alunos de um seminário cristão.

Isso nos faz lembrar, disse eu, do que todos sabemos: o poder e a visão de Deus são maiores e mais abrangentes do que podemos imaginar.

Este livro nasceu naquele dia. Antes daquela experiência, para mim a Torá era algo associado apenas a judeus e ao judaísmo. Essa impressão me parecia compreensível. Os grandes mestres da Torá usavam principalmente a língua hebraica para falar e escrever. O judaísmo está centrado na leitura e no estudo da Torá. Durante boa parte de sua história, o cristianismo considerou a Torá simplesmente precursora do Novo Testamento. Muitos cristãos acreditavam que os ensinos da Torá são mais para museus do que para seminários.

Esse raciocínio, no entanto, não mais se justifica. Centenas de milhares de cristãos já visitaram Israel e viram o lugar ocupado pela Torá e de onde saiu Jesus. Eles tiveram experiências com paisagens, sons e lugares retratados na Torá e perceberam que o tipo de vida por ela preconizado permeava os ensinos de Jesus.

Conforme entendi naquele dia no seminário, vivemos tempos em que ansiamos por uma fé mais profunda e abrangente. A sabedoria e as práticas da Torá nos aproximam um dos outros e do Deus de todos nós. Aliás, o propósito de Deus era que a Torá fosse acessível a todos. Ela mesma deixa claro que não foi feita somente para os judeus. As palavras de Deus são dirigidas a todos os povos. Em uma bela passagem de Deuteronômio, Deus diz a Moisés:

> "Certamente, a instrução que hoje te dou não é difícil demais nem está fora de teu alcance. Não está no céu, para não dizeres: 'Quem pode subir ao céu e trazê-la para nós, de modo que a observemos?' Também não está no além-mar, para não dizeres: 'Quem pode chegar ao outro lado do mar para a obter e anunciá-la para nós, de modo que a observemos?' Não, ela está bem perto de ti, em tua boca e coração, para que a observes."
>
> Deuteronômio 30:11-14[1]

A mensagem dos pergaminhos da Torá nos espera.

Este livro o convida a entrar no mundo da Torá. Não se trata da Torá das leis e rituais sem fim. É a Torá da verdade, sabedoria e transformação. É a Torá que Moisés recebeu, Jesus estudou, e até hoje é levada nos braços do povo judeu. Ao ler este livro, *a Torá* passará a ser a *sua Torá*. Você enxergará sua vida, lutas, perguntas e história retratadas nos relatos

---

[1] Salvo indicação em contrário, as traduções das Escrituras são extraídas da TANAKH: The New JPS Translation According to the Traditional Hebrew Text. Copyright 1985 da Jewish Publication Society. Usado com permissão.

e nos personagens da Torá. Beberá mais fundo do rico reservatório no qual bilhões de pessoas já encontraram as mais profundas verdades e ideias sobre Deus e sobre a vida. Este livro será o guia que haverá de tirar a Torá de dentro da arca onde ela fica guardada e a levará à sua vida.

Ao tomarmos pé da Torá, também seremos guiados pelos maiores mestres que a ensinaram nos últimos dois mil anos. Os ensinos desses sábios nos ajudam a perceber a largura e a profundidade da palavra de Deus. Esses mestres são como um amigo culto, que senta ao nosso lado durante um concerto. Eles conhecem a música como a própria palma das mãos. Passaram a vida toda estudando essa música. Eles observam elementos que não observamos e nos dão informações sobre autoria, composição, melodias, notas e ritmo que jamais teríamos condições de conhecer. Alguns desses mestres podem ter sido contemporâneos de Jesus. Eles o conheciam e estudavam com Ele. A palavra de Deus era como o ar que respiravam. Eles nos ajudam a valorizá-la e vivê-la. Você ouvirá as palavras desses mestres ao longo deste livro.

O QUE É TORÁ?

A palavra *Torá* significa "ensino" ou "processo". A expressão *"a Torá"* é uma referência aos cinco primeiros livros da Bíblia. É importante fazer essa distinção. Às vezes, os judeus empregam a palavra "Torá" para se referir a todos os textos sagrados do judaísmo. Por exemplo, a pessoa pode dizer: "Hoje de tarde vou estudar Torá", mas estar se referindo ao estudo de textos ou orações dos rabinos. Mas se disser: "Hoje de tarde vou estudar "a Torá", estará se referindo aos cinco livros de Moisés.

Este livro versa sobre *a Torá,* que consiste nos livros de Gênesis, Êxodo, Levítico, Números e Deuteronômio — os cinco primeiros livros da Bíblia de cristãos e judeus. Além de se dividir em cinco livros, a Torá também se divide em cinquenta e quatro partes, conhecidas em hebraico como *parashiyot,* que significa "trechos da Torá". Na sinagoga, os judeus leem um trecho da Torá por semana, mas isso pode mudar por causa dos feriados. A maioria das sinagogas lê toda a Torá no decurso de um ano.

A leitura da Torá constitui uma responsabilidade sagrada. Às vezes, é o rabino quem faz a leitura. Outras vezes, ela é lida por um membro consagrado da comunidade. Às vezes, um jovem ou uma jovem que se submetem a um rito de passagem chamado *bar* ou *bat mitzvah* podem fazer a leitura da Torá. Essa responsabilidade exige preparo, pois a pessoa que lê não terá uma tradução do trecho da Torá em seu idioma. Ela geralmente canta o texto hebraico segundo uma melodia criada há milhares de anos. Essa melodia se chama *nusach* e surgiu na Pérsia e Babilônia antigas para ajudar a memorização das palavras do texto da Torá. Eram poucos os rolos da Torá que existiam na antiguidade, de modo que escribas e outros estudiosos decoravam o texto baseados em uma melodia, para então cantá-lo semanalmente. Essa melodia é mantida nos dias atuais a cada semana que se faz a leitura da Torá. Esse vínculo com a história é um dos elementos que dá sentido à Torá e a torna sagrada. É a palavra de Deus acalentada, cantada e celebrada há mais de dois mil anos pelos judeus.

AS LETRAS DA TORÁ

A Torá não é apenas cantada de um modo antigo e específico. Ela também é escrita segundo um estilo sagrado de dois mil e quinhentos anos. Cada pergaminho da Torá é manuscrito por um escriba ou por uma equipe de escribas. Eles levam entre doze e dezoito meses para escrevê-la. A palavra hebraica traduzida por "escriba" é *safer*. A mesma palavra em hebraico também significa "contagem". A contagem de todas as letras da Torá durante seu processo de escrita faz parte da tradição.

Qual a importância de detalhes como esses? Cada trecho da palavra de Deus contém verdades e significados. Se deixarmos de fora uma letra ou algum detalhe, nossa visão estará incompleta. Teremos uma perspectiva da palavra de Deus que poderá estar distorcida. A importância de escrever corretamente cada letra da Torá explica os belos ensinamentos sobre a importância de todos os seres humanos. Um rabino do século 18 afirmou que cada ser humano pode ser comparado a uma letra no pergaminho da Torá. Se faltar uma letra, a história estará incompleta. Cada ser humano faz parte da história de Deus, assim como também nosso nascimento e chegada neste mundo.

O escriba também usa uma tinta feita com uma mistura específica, de acordo com uma fórmula de dois mil anos encontrada no Talmude. Os gases produzidos pela fervura de óleos, piche e cera eram coletados e, em seguida, o escriba acrescentava seiva de árvores e mel. Depois de secar, a solução era armazenada. Segundo um importante escriba da atualidade, "a tinta precisa ser durável, mas não indelével. [...] Hoje, a maioria [dos escribas] produz tinta usando uma mistura de nozes de galha maceradas com goma arábica e sulfato de cobre. Às vezes, acrescenta-se carbono, o que permite que a tinta, depois de secar, ganhe uma cor preta e brilhante. A tinta preta e brilhante sobre o pergaminho branco faz alusão à concessão da Torá como 'fogo preto sobre fogo branco'".[2]

Usa-se uma pena especial para escrever. Normalmente, ela é feita com penas de peru. O escriba costuma usar outra pena exclusivamente para escrever o nome de Deus. O pergaminho deve ser produto do couro de um animal kosher, geralmente um carneiro ou bode. Os pergaminhos são costurados uns aos outros e enrolados em hastes de madeira. Na confecção de um rolo da Torá não se utilizam metais, pois estes são usados na fabricação de instrumentos bélicos, ao passo que o valor supremo da Torá é *shalom*, paz. A madeira utilizada para as hastes não deve ser de árvores cortadas. É preciso que a árvore tenha morrido naturalmente. Os escribas passam anos estudando a arte de escrever em um pergaminho.

O manuseio de um rolo da Torá também exige muita atenção. As mãos ou os dedos não devem ter contato direto com o pergaminho, pois a oleosidade e as bactérias de nossa pele podem deteriorá-lo. Durante a leitura, o leitor costuma usar um ponteiro chamado *yad*, que significa "mão" em hebraico. Artistas criam *yads* que remetem ao estilo e aos valores da comunidade a que pertencem. Em minha primeira aula de confirmação na sinagoga em que eu lecionava quando era estudante, ganhei um *yad* em comemoração de minha ordenação como rabino. Todas as vezes que leio a Torá, lembro-me de minha responsabilidade sagrada de viver e ensinar suas verdades.

Há uma grande precisão aplicada à produção da Torá e a seu método de leitura, pois Deus está nos detalhes. Nossas

---

[2] "Writing a Sefer Torah." Acesso: 12/5/2021. http://sefertorah.net/store1/writing-a-sefer-torah?mobile=1.

ações como seres humanos servem a um propósito divino. Aliás, colocamos em prática a vontade de Deus e observamos os valores da Torá com o mesmo cuidado com que a produzimos. Por exemplo, a utilização de uma pena específica para grafar o nome de Deus retrata a santidade associada a seu nome. A escrita desse nome exige foco e atenção. A não utilização de matérias-primas de metal remete-nos ao supremo propósito da vida segundo a Torá: viabilizar um mundo em que reine a paz. Até o modo de descarte de uma cópia da Torá reflete seus valores. Quando um rolo não tem mais condições de ser usado — por ação do tempo ou por algum dano sofrido — ele é enterrado. Ele jamais pode ser destruído. Despedimo-nos dele com afeto e o enterramos como sinal de nosso relacionamento sagrado com suas palavras e com seu Autor.

O respeito demonstrado pela palavra de Deus influencia profundamente a vida dos judeus, tanto que é motivo de inspiração para outras religiões. Veja o que aconteceu em uma sinagoga de Nova Orleans, de 114 anos, chamada Congregação Beth Israel. Em 2005, depois da passagem do furacão Katrina, os rabinos e membros da congregação não conseguiam acessar o prédio. A sinagoga estava localizada a quatro quadras do principal canal que faz parte de um sistema de diques que se romperam na cidade. As águas que inundaram a sinagoga chegaram a quase três metros de altura. Os sete rolos da Torá pertencentes à sinagoga, a maior parte deles com mais de cem anos de uso, foram deixados na arca do santuário antes do furacão, pois pensava-se que a tempestade não demoraria mais que dois ou três dias. Mas a tempestade não passou tão rapidamente, e os membros da sinagoga fugiram para outros pontos do país, achando que os rolos da Torá haviam sido destruídos pela água. Passadas duas semanas da tempestade, os pergaminhos foram recuperados. No entanto, boa parte deles estava deteriorada e havia se "desintegrado, formando uma massa disforme".[3] O homem que os havia recuperado queria levá-los para Baton Rouge, mas a liderança do templo Beth Israel achava que eles precisavam ser enterrados imediatamente, perto do local onde estavam. Eles anunciaram que precisavam de ajuda para enterrar os pergaminhos, e uma senhora que morava no bairro — uma cristã que havia trabalhado durante oito anos na sinagoga — apresentou-se como voluntária. Ela os levou, limpou e preservou todas as coroas e *yads*; colocou o que havia restado dos rolos em uma toalha de vinil, para que não encostassem no chão, cavou em seu quintal um buraco de quatro metros quadrados e depositou ali os rolos. Tanto na vida quanto na morte, um rolo da Torá desperta o que há de melhor em nós.

Quando não está sendo lida, a Torá geralmente fica em um receptáculo na sinagoga conhecida como *arca*. A arca fica junto à parede do santuário da sinagoga ou nela embutida, virada para o leste, em uma referência à localização de Jerusalém. A arca em que os rolos são guardados remetem à arca portátil transportada pelo deserto do Sinai durante o deslocamento do Egito para a terra de Israel. Aquele lugar é o mais sagrado da sinagoga. Diferentes nomes em hebraico atribuídos à arca são exemplos dessa convicção. Um dos nomes associados a ela é *aron hakodesh,* que significa "arca sagrada". A palavra *kadosh*

---

[3] Bruce Nolan, "Christian Gives Ruined Torah Scrolls Jewish Burial." Religion News Service, October 15, 2005. Acesso: 26/5/2021. https://religionnews.com/2005/10/15/christian-gives-ruined-torah-scrolls-jewish-burial/.

significa "santo" e "separado", o que denota sua natureza sagrada. Outros textos do judaísmo referem-se à arca como *teva*, a mesma palavra empregada em referência à arca de Noé na Bíblia. À semelhança da arca de Noé, as palavras da Torá são a *teva* que preserva a vida humana. Outro nome usado é *heikhal*, que significa "palácio". No primeiro Templo de Jerusalém, entre 940 e 586 A.E.C. [Antes da Era Comum], e no segundo, entre 531 A.E.C. e 70 E.C. [Era Comum], o *heikhal* era o lugar mais sagrado do santuário, onde ficavam a menorá, o altar do incenso e a mesa com os pães da proposição.

A arca das sinagogas de hoje remete a esse lugar mais sagrado do Templo de Jerusalém. A crença subentendida nesse vínculo entre os elementos linguísticos e arquitetônicos é que, enquanto o Templo existia, era ali que Deus habitava. Depois da destruição do Templo, a presença de Deus passou a acompanhar o povo judeu onde quer que se formassem comunidades. O rolo da Torá é o sinal de que Deus está no meio do povo judeu. Por isso, ele fica no *heikhal*, símbolo do lugar onde Deus habitava. Nas palavras de um poeta, a Torá é a "casa portátil do povo judeu". Alguns sobreviventes do Holocausto carregavam fragmentos de pergaminho da Torá. Eles eram levados como fontes de consolo, força e esperança.

Essa crença exemplifica outro papel essencial que a Torá desempenha dentro da comunidade judaica. A Torá representa Deus neste mundo. Ele não está no pergaminho ou na tinta, mas nas palavras e letras que lemos. No cristianismo, Deus se fez carne. No judaísmo, Deus se fez a Torá. A propósito, a Torá não é uma entidade viva, mas suas palavras viabilizam a presença de Deus. Essa é uma das razões pelas quais o leitor da Torá precisa se preparar tanto. Um erro que ele cometa distorce o nome do próprio Deus. Isso explica a importância da função sagrada desempenhada pelo *gabbai*, pessoa que fica ao lado da outra que está fazendo a leitura para corrigir eventuais erros. É claro que se cometem erros durante a leitura, mas o *gabbai* está presente para corrigi-los de imediato, de modo que os adoradores não se confundam. A correção não é feita para envergonhar o leitor. Ela é considerada um ato de bondade, pois todos os presentes no santuário desejam ouvir o texto com exatidão.

Esse foco na leitura sem erros pode parecer estranho e, talvez, claramente legalista. Será que a intenção do coração do leitor não é mais importante do que a exatidão do que ele está lendo? Sim, ela é importante; por isso, os mestres do judaísmo fazem distinção entre erros grandes e pequenos. Um erro pequeno seria a pronúncia errada de uma palavra. Isso pode facilmente acontecer, pois o texto da Torá não contém vogais. Conhecidas em hebraico como *nikudot*, as vogais fazem parte das versões impressas da Torá, mas não nos pergaminhos usados pelos escribas. A pessoa que faz a leitura da Torá estuda as versões impressas antes de fazer a leitura do pergaminho em público. Ademais, o que é muito comum acontecer nesse tipo de leitura são erros de vocalização. Em casos assim, o erro na pronúncia não será considerado grave se ele não alterar o sentido da palavra. Entre os erros não considerados graves também se encontra a falta de ênfase na sílaba tônica da palavra ou desvios de melodia durante a entonação do canto.

Erros graves, ou seja, que exigem correção, são aqueles que mudam o sentido de uma palavra. Mesmo assim, há uma exceção permitida pela lei judaica. O *gabbai* deverá se abster das correções que possam envergonhar a pessoa que está fazendo a leitura da Torá. A lei judaica considera pecado grave envergonhar alguém em público. Alguns rabinos comparam isso ao homicídio, usando o argumento de que o rubor facial que acomete aquele que se sente envergonhado é semelhante ao derramamento de sangue. A preocupação com os sentimentos da pessoa que está fazendo a leitura do pergaminho reflete o propósito subentendido da Torá. Não se trata de uma exigência legal desproposita, mas de um ato sagrado que tem como objetivo enobrecer, inspirar e guiar o ser humano. Qualquer prática na leitura da Torá que se desvie desses valores é proibida, mesmo que motivada pela reverência à palavra de Deus.

COMO É LIDA A TORÁ?

A leitura da Torá não se limita ao leitor e ao *gabbai*. Há outros que participam do ato, incluindo os que ouvem o canto. A participação de toda a comunidade na leitura da Torá remete à sua revelação e primeira leitura feita por Moisés aos israelitas no monte Sinai. Esse momento sagrado é reencenado semanalmente quando a leitura da Torá é feita na sinagoga durante o Sabbath. Devemos ter uma experiência com a Torá semelhante àquela que os antigos israelitas tiveram no deserto.

Além da pessoa que faz a leitura da Torá (em hebraico, *baal korei*) e do *gabbai,* há outros participantes que se destacam pronunciando uma bênção da Torá conhecida como *aliyah*. *Aliyah* significa "subida", "ascensão". Subimos a um novo patamar espiritual quando bendizemos a Torá. Essa crença explica por que a Torá costuma ser lida em um piso mais elevado do santuário. A ascensão não é apenas física, mas também espiritual.

A palavra *aliyah* também é usada no contexto da imigração para Israel. Mudar para a Terra Santa também é uma ascensão não apenas física, mas espiritual. De uma perspectiva física, aproximamo-nos do local sagrado do Templo de Jerusalém. Espiritualmente, aproximamo-nos de Deus.

A referência à bênção como uma *aliyah* remete ao papel que a Torá passou a desempenhar na vida dos judeus depois do exílio de Israel provocado pelos romanos no ano 70 E.C. Naquela época, conforme ressalta o poeta Heinrich Heine, a Torá passou a ser a "casa portátil" dos judeus. Sempre que uma pessoa pronunciava a bênção da Torá, ela "subia" à Terra Santa.

A bênção da *aliyah* começa como a maioria das bênçãos no judaísmo: "Bendito és tu, Deus Eterno, Rei do Universo, que nos ordena a...". O mandamento que vem depois das palavras "ordena a" é o que faz da bênção algo singular. Ela remete a Deus, que "nos escolheu dentre todos os povos da terra e nos deu sua Torá". Em outras palavras, agradecemos a Deus por nos conceder a dádiva da Torá. Considero essa bênção uma forma de nos lembrarmos de que a Torá não deve ser subestimada ou vista como algo normal. Ela não foi escrita por nós. Nem mesmo a merecemos. Deus, porém, a outorgou a nós como dádiva. É um ato da graça. Não tem nenhuma relação com mérito e retrata o amor de Deus.

Há teólogos do judaísmo que criticam a ideia dos judeus como povo escolhido de Deus, conforme declarado nessa bênção. Eles dizem que essa ideia flerta com um nacionalismo étnico e com um sentimento de superioridade. O argumento por eles apresentado é que os judeus afirmam que Deus os escolheu para receber a dádiva da Torá por serem o povo mais digno entre todas as nações do mundo.

Mas há alguns rabinos muito respeitados na tradição judaica que dizem que Deus colocou a Torá à disposição de todos os povos, mas somente Moisés e os israelitas a aceitaram. Qualquer que seja o caso, mesmo que Deus tenha decidido outorgar a Torá aos judeus, Ele não declara que seus ensinamentos destinam-se apenas aos judeus. Conforme as palavras de Deus dirigidas a Abraão em Gênesis 12, "todas as famílias da terra serão abençoadas por intermédio de ti". A Torá é o instrumento pelo qual o povo judeu traz bênçãos a todo o mundo.

Depois da bênção, o leitor canta um trecho da Torá. Em seguida, a mesma pessoa que pronunciou a bênção da *aliyah* profere uma bênção final. Ela começa com as mesmas palavras e termina com a descrição de Deus como "aquele que nos outorgou a Torá da verdade e plantou em nós a vida eterna". Na concepção do judaísmo, essa bênção considera a Torá o grande meio pelo qual o povo judeu alcança a vida eterna. Acredita-se que enquanto lermos e seguirmos as palavras da Torá, Deus nos concederá vida.

A leitura da Torá costuma incluir de três a sete bênçãos da *aliyah*. A pessoa escolhida para pronunciar a *aliyah* geralmente tem algum vínculo com o leitor da Torá, ou é alguém que, por alguma razão, está sendo homenageado. Na minha sinagoga, por exemplo, quando um jovem ou uma jovem passam pelo *bar mitzvah* ou *bat mitzvah* (ocasião em que se realiza uma cerimônia de maioridade que inclui a leitura da Torá), pais, avós ou outros parentes são convidados a pronunciar a *aliyah*. Também costumo estender um convite às pessoas que estão visitando a sinagoga, aos que nela prestam serviço voluntário, a outros rabinos ou ao grupo de líderes. No século 19, costumava-se convidar para pronunciar a *aliyah* aqueles que haviam feito doações para a sinagoga. Esse costume caiu em desuso porque muitos o consideravam discriminatório e porque distorcia o propósito do ritual, que é elevar o nível de nosso comportamento moral e não apenas honrar os mais ricos. Os métodos usados pelas sinagogas para arrecadação de fundos também passaram por mudanças, e hoje os adoradores contribuem fazendo doações anuais e não relacionadas a um ritual específico.

HAGBA

Uma vez terminada a leitura da Torá, a comunidade faz várias orações. São orações de petição e de gratidão, que refletem a ideia de que a presença da Torá acrescenta uma dimensão sagrada à leitura. Quando a Torá está fora da arca, a sensação da presença de Deus é potencializada.

Concluída a leitura do trecho da Torá, esta é levantada para o alto em um ritual conhecido como *hagba*. O responsável pelo ritual segura cada haste de madeira com as mãos, levanta o pergaminho acima da cabeça e o mostra a todos os presentes. O objetivo é mostrar à comunidade que ele contém as palavras da Torá. Alguns estudiosos remetem essa prática a dois mil e quinhentos anos atrás, quando os líderes da comunidade temiam que algumas sinagogas estivessem lendo pergaminhos falsos ou adulterados. Eles achavam que as pessoas ficariam confusas se ouvissem ensinos supostamente da Torá, mas que não faziam parte dela. Por isso, exigiam que o leitor da Torá ou alguma outra pessoa levantasse o pergaminho sobre a cabeça para mostrar à comunidade que a leitura havia sido feita a partir de um verdadeiro pergaminho da Torá.

Depois do *hagba*, outra pessoa, ou um grupo de pessoas, veste a Torá com seus objetos rituais. O primeiro é uma capa de tecido para proteger o rolo conhecida como "manto da lei". Ele pode ser de seda, contém uma citação da Torá e costuma ser fruto do trabalho de algum artista. Em seguida, coloca-se o peitoral sacerdotal sobre o manto. Esse peitoral pode ter diversos significados. Ele remete ao peitoral usado pelo sumo sacerdote no Templo de Jerusalém. Os detalhes dessa peça são descritos no livro de Êxodo. Ele continha doze pedras que representavam as doze tribos de Israel. O peitoral sacerdotal também tinha duas pedras conhecidas como Urim e Tumim. Elas se destinavam à previsão do futuro feita pelo sumo sacerdote. Na prática, os estudiosos acreditam que elas eram usadas como oráculos e como auxílio na interpretação de sonhos, embora os livros mais recentes da Bíblia coloquem em dúvida a capacidade de prever o futuro. Elas são um dos mistérios da Bíblia que duram até hoje.

O uso de um peitoral sacerdotal sobre o pergaminho da Torá ilustra a principal razão por que a Torá adquiriu tamanha importância dentro do judaísmo. Enquanto existia o Templo em Jerusalém e os sacerdotes levitas supervisionavam a apresentação dos sacrifícios descritos no livro de Levítico, a Torá tinha menos importância no que diz respeito aos sacrifícios. Oferecer o sacrifício de um animal era o principal modo de estar mais próximo de Deus. Até a palavra hebraica traduzida por sacrifício — *korban* — significa "proximidade". A Torá fazia parte da vida judaica, e pequenos grupos liderados por mestres conhecidos como fariseus a estudavam, mas as ofertas supervisionadas pelos sacerdotes eram a própria definição de adoração.

No ano 70 E.C., os romanos destruíram o Templo. O sistema sacerdotal foi eliminado da vida judaica. A única prática que se manteve na comunidade judaica foi o estudo da Torá. Os fariseus constituíam o único grupo com influência e ordem suficientes para assumir a liderança da comunidade judaica. Havia grupos concorrentes, como o grupo formado por ex-sacerdotes, mas os fariseus, que depois passaram a ser conhecidos como "rabinos", tinham condições políticas para negociar com as forças romanas e desenvolver instituições que ajudaram na preservação do judaísmo depois da destruição do Templo.

Na perspectiva farisaica, a Torá ocupava o lugar central. Eles viam na Torá a palavra de Deus que lhes era diretamente dirigida; estudá-la e observar seus mandamentos foi o que substituiu as ofertas de sacrifícios mediadas pelos sacerdotes. Eles afirmavam que, desde o início, Deus pretendia substituir os sacrifícios pelo estudo da Torá, segundo mostram as palavras de Êxodo: "Sereis para mim um reino de sacerdotes". O estudo e a observância da Torá eram ofertas apresentadas por todos os israelitas, não somente por sacerdotes levitas. Aliás, o sacerdócio havia imposto certos obstáculos à comunhão com Deus, pois formou uma elite. Mas a Torá era democrática e acessível a todos. Os rabinos implementaram a educação pública e foram responsáveis pelo surgimento de uma população alfabetizada composta quase integralmente por homens adultos. Eles acrescentaram duas leituras da Torá: além daquela que se fazia no Sabbath, elas passaram a ser feitas às segundas e quintas-feiras. Esses dias foram escolhidos por serem dias úteis em que agricultores e comerciantes se reuniam na praça ou lugar público de uma cidade. Os rabinos entenderam a necessidade de levar a Torá ao povo, de modo que suas leituras passaram a ser feitas três vezes por semana.

Os rabinos associavam a importância da leitura pública da Torá ao profeta Esdras. À semelhança dos fariseus, Esdras conduziu o povo durante um momento de perdas e tumulto. Ele passou a primeira parte da vida como judeu que morava na Babilônia, na época governada pelos persas. Os persas conquistaram grandes áreas do antigo Oriente Próximo, incluindo os territórios de Israel e Judá, que décadas antes haviam sido dominadas pelos babilônios. Na metade do quinto século A.E.C., Esdras voltou para sua terra de origem, Jerusalém. De acordo com o relato da Bíblia, ele encontrou um povo que havia se desviado da Torá. Por causa da miscigenação étnica, o povo estava transgredindo as principais leis e costumes da Torá, tanto na vida particular quanto pública. Esdras temia pela sobrevivência do povo judeu.

Ele mandou anunciar que, dentro de três dias, o povo deveria se reunir em Jerusalém. Ali fez a leitura de toda a Torá para o povo. Os dias sagrados voltaram a ser respeitados. A Torá voltou a ser obedecida. De acordo com a sabedoria rabínica, o povo voltou à Torá com o mesmo fervor da geração posterior a Moisés, liderada por Josué.

Esdras foi quem instituiu a leitura pública da Torá como instrumento de unidade e renovação religiosas. Nos momentos de aflição, voltamo-nos para a Torá e buscamos sua orientação. Isso se repetiu através da história. Na Alemanha da década de 1930, com a ascensão ao poder de Hitler e dos nazistas, o comparecimento às sinagogas entrou em declínio. O judaísmo passou a ser ensinado em novas escolas que se criaram, apesar do aumento da perseguição aos judeus. Nos séculos 15 e 16, com a expulsão de numerosos grupos de judeus da Espanha, que passaram a se fixar em novos lugares, surgiu a escola de estudo da Torá conhecida como Cabala. Os mestres místicos e esotéricos da Cabala estudavam a Torá para encontrar orientação e sentido no sofrimento e no exílio a que foram submetidos. Por fim, desenvolveram um novo método de estudo da Torá conhecido como Cabala Luriânica.

Esse método de estudo baseia-se na crença de que, no princípio, Deus criou dois mundos. O primeiro era *tohu wabohu*. Essa frase encontra-se no segundo versículo do livro de Gênesis e costuma ser traduzida por "vazio e caótico". A maioria das interpretações da Torá retratam a criação do universo como a ordem que Deus conferiu ao caos. Os místicos, porém, interpretam-na como um mundo caótico à parte. Era um mundo que resultou com o primeiro ato divino de criação. Deus criou o primeiro universo cheio de vasos de luz, mas a luz da presença de Deus era tamanha, que os vasos se estilhaçaram, e o universo implodiu. Os místicos atribuem a esse fenômeno o nome *shevirat hakelim* (o estilhaçar dos vasos).

Na hora de criar o outro universo, Deus restringiu a luz divina perceptível no mundo, para que os vasos de luz não se estilhaçassem. Essa diminuição do brilho da luz de Deus tem sido usada pelos místicos para explicar o porquê das tragédias. Como não é possível enxergar toda a luz de Deus, os seus caminhos não estão claros. Nem sempre entendemos por que o mal sobrevém a quem é bom, ou por que a criação de Deus se manifesta desta ou daquela maneira. No entanto, não estamos fadados a essa perspectiva limitada. Temos a capacidade de reunir mais luz e aumentar o brilho da presença de Deus, porque os fragmentos de luz do primeiro universo estão incorporados a todo o universo. De acordo com os místicos, quando estudamos a Torá e obedecemos às suas leis, estamos reunindo fragmentos da luz original. Quanto mais fragmentos reunimos, mais nos aproximamos de Deus. Quando todos os fragmentos de luz estiverem reunidos, o Messias virá, e o mundo será redimido.

Essa visão mística difundiu-se pela comunidade judaica nos séculos 17 e 18. Ela nos ajuda a entender por que o estudo da Torá é tão importante para a vida dos judeus. Eles acreditam que quanto mais a estudamos e a observamos, mais nos aproximamos da redenção.

A ideia de redenção no judaísmo, porém, não se limita a algo novo. Há diferentes opiniões sobre o significado da redenção, mas uma das linhas que prevalecem é que a redenção é a volta à perfeição de antes. É a volta à paz do jardim do Éden ou ao Israel da Bíblia em que o trono era ocupado por Davi. Essa visão da redenção como volta e não como algo novo ajuda-nos a entender a última parte do ritual de leitura da Torá.

Todavia, antes de passar para essa análise, preciso deixar algo bem claro. A perspectiva mística em relação à importância da Torá leva alguns judeus a se dedicarem a seu estudo, mas há muitos que a estudam por outras razões. Um antigo rabino ensinava que a Torá tem setenta faces. Cada uma pode representar uma razão por que a estudamos. Por exemplo, dirijo semanalmente um estudo da Torá em minha sinagoga. A média de participantes é de quarenta pessoas. Algumas encaram o estudo como um dever religioso que as aproxima de Deus, mas outras gostam apenas do exercício intelectual que isso lhes viabiliza. Elas gostam de examinar as ideias e as histórias da Torá. Gostam de analisar como as verdades e os mandamentos da Torá nos ajudam a entender os problemas políticos, morais e sociais da atualidade. Há outros que estudam a Torá porque veem nela sua própria história. É como se fosse uma história contada pelas gerações de uma família e, por isso, procuram entendê-la e valorizá-la. Outros participam por darem importância à oportunidade de se reunirem em comunidade. O estudo da Torá é uma justificativa para se reunirem e discutirem ideias. Por essas e outras razões, o estudo da Torá nos ajuda a entender como ela é um elemento definidor da vida judaica.

A última parte do culto da Torá é constituída por sua devolução à arca. A pessoa que levantou a Torá — no ato conhecido como *hagba* — é geralmente a mesma que a estava segurando desde o fim da leitura. Depois das orações já mencionadas neste capítulo, a congregação fica em pé, e o responsável pela *hagba* aproxima-se da arca. Fazemos então outras orações que acompanham a volta da Torá à arca. São orações principalmente dos livros de Salmos e Provérbios. Podemos apresentar dois exemplos de versículos citados no fim do ritual de leitura. O primeiro é extraído do livro de Provérbios. Nós o recitamos enquanto seguramos a Torá e dizemos: "É árvore da vida para aqueles que nela se firmam. Seus caminhos são caminhos prazerosos, e todas as suas veredas, de paz".

A referência à Torá como "árvore da vida" nos remete exatamente à expressão encontrada em Gênesis 2, onde a "árvore da vida" se encontrava no meio do jardim do Éden. A ideia dessa referência é que, se de fato vivermos e observarmos as palavras da Torá, seremos restaurados à condição paradisíaca do jardim. Os sábios judeus também interpretam o versículo no sentido de que a vida boa é fruto da Torá, a árvore da vida. Experimentamos paz e prazer quando a cultivamos e dela cuidamos.

Há outro versículo cantado bem no fim do ritual de leitura da Torá. Ele transmite uma mensagem aparentemente paradoxal. Pedimos a Deus que *chadesh yameinu k'kedem*, que significa: "renove nossos dias como antes". Outra tradução possível é "torne novos os nossos dias assim como eram no passado". À primeira vista, esse versículo não tem sentido. Se alguma coisa aconteceu no passado, então não pode ser nova. E se algo é novo, então não aconteceu no passado.

A resposta a esse paradoxo reside no propósito de uma vida segundo a Torá. Quando levamos uma vida segundo a Torá, encontramos em nós novas qualidades de caráter e compromisso. A Torá refina o caráter humano. Descobrimos que nossa experiência humana de proximidade com Deus está mais a nosso alcance e podemos compreendê-la melhor. Ao mesmo tempo, voltamo-nos a uma mensagem há muito tempo revelada por Deus. A Torá nos dirige de volta a uma condição implantada em nós por Deus há milhões de anos. Essa certeza é captada por outra palavra da língua hebraica: *teshuvah*. Ela costuma ser traduzida por "arrependimento". Mas de fato significa "volta". *Teshuvah* é a volta ao nosso ser mais elevado. A Torá é o caminho para essa volta.

OUTROS COSTUMES

Depois de depositar a Torá de volta na arca, procuramos não lhe dar as costas. Esse costume não é estipulado pela lei judaica, mas reflete nossa reverência. Em minha sinagoga, há alguns degraus que levam até a arca. Andar de costas exige cuidado, mas adquiri uma memória muscular que me ajuda a fazer isso automaticamente, demonstrando à congregação o amor e o respeito dedicados à Torá.

Alguns costumes relacionados ao manuseio e à leitura da Torá podem variar com base no tipo de comunidade judaica. No judaísmo atual, temos três denominações principais: reformada, conservadora e ortodoxa. O segmento reformado procura estabelecer um equilíbrio entre os costumes judaicos tradicionais e os da vida moderna. O judaísmo conservador, assim como o reformado, procura se equilibrar entre tradições e mudanças, mas pende mais para o lado da tradição do que o judaísmo reformado. Os ortodoxos se apegam o máximo possível às tradições do judaísmo dos séculos 16 e 17, embora até entre eles existam diversas linhas que seguem diferentes tradições.

No que diz respeito ao papel da Torá, as três denominações obedecem à mesma prática de leitura de todo o texto no período de um ano com estudos regulares pelo menos uma vez por semana. A grande diferença, porém, está na maneira em que veem a autoria da Torá. Os judeus ortodoxos costumam ver a Torá como palavra de Deus que lhes foi diretamente transmitida. Os versículos da Torá comportam mais de uma interpretação, mas não podem ser alterados nem refletir quaisquer prejulgamentos humanos. A Torá é a palavra de Deus entregue a Moisés no monte Sinai.

Os judeus reformados e os conservadores costumam ver a Torá como produto de seres humanos divinamente inspirados. Eles sentiam a presença de Deus, de modo que as histórias e leis que escreveram captavam a história do povo judeu e do que Deus lhes havia ordenado que fizessem. Entre seus escritos encontram-se lendas, tradições e genealogias da cultura judaica e das culturas que os cercavam. De acordo com os judeus reformados e conservadores, a autoria humana não tira a importância da Torá. Reconhecemos que sua importância deriva do significado que lhe atribuímos. Optamos por conferir um sentido sagrado às palavras da Torá, a exemplo do que fizeram nossos antepassados através da história. Considerar a Torá uma obra de autores divinamente inspirados também abre o leque para interpretações mais abrangentes. Por exemplo, cremos que as palavras da Torá tiveram origem em épocas e lugares distintos e, por isso, podemos lançar mão da arqueologia e da história para entender melhor as histórias e ideias que seus autores procuravam transmitir. Cremos que os seres humanos que escreveram a Torá enfrentavam os mesmos desafios sociais e emocionais que hoje enfrentamos, de modo que podemos examinar suas diferentes reações e nos orientar por elas. A Torá tem dado sustentação ao povo judeu há milhares de anos, pois fala diretamente a nós e nos orienta no meio de nossas mais profundas necessidades e possibilidades como seres humanos. Este livro ajudará você a entender a sabedoria da Torá e a aplicá-la em sua vida.

ESTRUTURA

Juntos, os cinco livros da Torá registram a história do surgimento do povo judeu e da jornada empreendida desde a escravidão até a liberdade. No entanto, cada um dos livros se distingue por um tema. Gênesis versa sobre família e relacionamentos entre seus membros. De Abel e Caim até José e seus irmãos, Gênesis revela verdades e nos orienta em nossa luta para estabelecermos relacionamentos importantes com nossa família. O primeiro capítulo deste livro se concentrará em versículos voltados para esse tema em Gênesis.

No capítulo 2, vamos examinar o livro de Êxodo. Lemos ali a história do surgimento do povo judeu como nação e religião. Estudaremos alguns versículos fundamentais, que nos ajudarão a entender como formamos grupos e culturas no mundo atual e neles encontramos o sentido de pertencer. Em um mundo cada vez mais dividido, cheio de conflitos étnicos e religiosos, se nos voltarmos para a sabedoria da Torá, poderemos crescer em paz e harmonia.

O livro de Levítico desafia os leitores dos dias atuais a se concentrarem nos detalhes aparentemente arcaicos do Templo de Jerusalém. No grupo em que dou aulas sobre a Torá, costumo ouvir suspiros de desalento quando chegamos a Levítico. Ele parece totalmente desvinculado da vida moderna.

No entanto, se for lido da perspectiva adequada, Levítico poderá se revelar o livro mais prático da Torá. Ele nos ensina o poder dos rituais. E nos revela hábitos e rotinas que podem nos influenciar bem mais do que crenças e dogmas. Levítico também nos ajuda a entender o significado do sacrifício. À primeira vista, os sacrifícios retratados em Levítico dizem respeito aos sacrifícios que apresentamos *para* Deus. Ele exige nossas ofertas como sinal de sua soberania sobre nós. Se fizermos uma leitura mais atenta, porém, veremos que Levítico não trata dos sacrifícios apresentados para Deus. Ele nos fala dos sacrifícios dirigidos a Deus. Essa distinção pode não parecer importante, mas denota um tipo diferente de relacionamento entre Deus e o ser humano. Dirigimos nossos sacrifícios a Deus porque mantemos um relacionamento com Ele. É por amor que lhe apresentamos sacrifícios, assim como sacrificamos tempo, dinheiro, energia emocional e muito mais, em favor das pessoas que amamos. Essa estrutura aplicada à compreensão do papel dos sacrifícios ajuda-nos a perceber em Levítico maneiras de usar e entender os importantes rituais em nossos atos religiosos.

O livro de Números gira em torno da viagem através do deserto, desde o Egito até a Terra Prometida. Na Torá, essa viagem acontece na vida concreta. Os israelitas ficam ali por quarenta anos. Mas a jornada não se limita à esfera física. Ela também é espiritual. A escravidão não torna cativo apenas o corpo. Ela aprisiona mente e coração. Foi preciso uma viagem de quarenta anos para que os israelitas, submetidos à escravidão ao faraó, se transformassem espontaneamente em seguidores de Deus. Um dos meus mentores no rabinato expressou essa verdade com uma só frase. Ele disse: "Foram necessários quatro dias para tirar os israelitas do Egito. E quarenta anos para tirar a mentalidade do Egito de dentro dos israelitas".

Muitos enfrentam uma jornada espiritual semelhante. Podemos crescer com uma visão estreita de nossas possibilidades. Podemos nos sentir presos a uma mentalidade secular ou religiosa que nos foi imposta. Podemos até nos tornar escravos de vícios. A palavra hebraica traduzida por Egito é *mitzrayim*. A mesma palavra em hebraico também significa "lugares estreitos". A jornada do livro de Números nos guia em nossa jornada rumo a um autoconhecimento e uma fé mais amplos e profundos.

O último livro da Torá é Deuteronômio. Ele não acrescenta muita coisa à narrativa. Consiste principalmente de uma recapitulação que Moisés faz da jornada dos israelitas através do deserto. Moisés está preparando o povo judeu para a chegada e sobrevivência na Terra Prometida. Ele não estará mais presente. Portanto, suas palavras constituem seu legado. Ele está ensinando aos israelitas como preservar a mensagem sagrada que Deus lhes revelou.

Será que estamos deixando um bom legado? Todos deixamos um legado. Nossa vida será lembrada por aqueles que nos sucederem. Como rabino, já dirigi quase mil cerimônias fúnebres e sei que, em uma escala dos legados que deixamos, eles podem ir de sofríveis a maravilhosos. Aprendi também que podemos adquirir consciência do legado que procuramos deixar. Deuteronômio nos diz como fazer isso. Estudaremos alguns versículos importantes em que Moisés ensina aos israelitas o que mais lhes importa como canais da mensagem que Deus lhes revelou. Levando em conta o fato de que o judaísmo existe até hoje — e que também foi berço e contexto para o surgimento do cristianismo — podemos dizer que Moisés foi competente no cumprimento de sua tarefa.

Ao ler este livro, você conhecerá novos caminhos pelos quais pode acessar a sabedoria da Torá em sua vida. Sua experiência com a Torá o levará a vê-la como algo que vai bem além do Antigo Testamento e do preâmbulo do Novo Testamento. Durante muitos séculos, o Antigo Testamento foi visto assim. Mesmo entre muitas igrejas para as quais tenho falado, ele ainda é visto assim. A impressão que se tem dele é que se trata da mensagem inicial que antecede a mensagem do orador principal.

Não desejo o mal aos que pensam assim. Mas a experiência pessoal me diz que isso é minimizar a profundidade de nossa fé e da comunhão que podemos ter com o Deus que nos criou a todos. Nossa compreensão da palavra de Deus estará incompleta sem o conhecimento e o estudo da Torá. Este livro é seu guia para esse estudo. Que ele traga à luz a herança que temos em comum e nos abençoe com sua sabedoria.

⟨ CAPÍTULO DOIS ⟩

GÊNESIS

O LIVRO DE GÊNESIS narra a história da criação do mundo. Todavia, a maior parte de seus capítulos se dedica à formação e preservação das famílias. Famílias constituem o fundamento da vida humana, e Gênesis as retrata sem esconder o caos nem a beleza que as caracteriza. As famílias que aparecem no relato de Gênesis podem não ser parecidas com a nossa, mas os desafios que elas enfrentam não são diferentes dos nossos. As estruturas e a tecnologia do mundo em que vivemos passaram por mudanças, mas não a natureza humana. As rivalidades entre irmãos, os conflitos entre pais e mães e a necessidade de perdão que testemunhamos em Gênesis estão igualmente presentes entre nós.

Estudaremos as lições que Gênesis nos ensina destacando alguns versículos centrais, revelando as histórias neles contidos e depois fazendo conclusões derivadas das interpretações e insights dos sábios do judaísmo de hoje e de antigamente. Cada versículo retrata uma pequena lição para a vida com foco nos relacionamentos que mais valorizamos.

A IMAGEM DE DEUS

"À imagem de Deus Ele o criou; macho e fêmea os criou."

Gênesis 1:27

Durante toda a vida, minha mãe trabalhou com crianças portadoras de transtornos de aprendizado. Ela dava aulas particulares em nossa casa, e lembro-me de que cada vez mais me incomodava o movimento de todos aqueles alunos entrando e saindo. Eu devia ter oito ou nove anos quando lhe perguntei por que ela fazia aquilo. Era uma coisa cansativa. Exigia muitas horas. E, embora na época eu não tivesse consciência disso, ela não ganhava muito.

Sua resposta ficou para sempre na minha lembrança e pode ter até me ajudado a descobrir meu chamado. Ela disse que cada pessoa era singular. Cada um foi feito por Deus para ser o que é. Ela dizia: Deus está dentro de cada criança. Ela queria ajudá-las a ter consciência disso.

A resposta de minha mãe me traz à lembrança esse versículo maravilhoso do primeiro capítulo de Gênesis. Esse versículo certamente se encontra entre os mais importantes e inspiradores da Bíblia. Todos os seres humanos são criados à imagem de Deus. As palavras de minha mãe retratam uma das formas pelas quais esse versículo define a vida humana. No entanto, antes de estudar as outras formas, vamos retroceder e entender o contexto que deu origem ao versículo e o que ele significa.

Muitos povos do antigo Oriente Próximo não valorizavam a igualdade entre os seres humanos. O famoso código de Hamurábi — datado de aproximadamente 1750 A.E.C. [Antes da Era Comum] — previa uma punição bem mais séria para o assassinato de um aristocrata em comparação com o de uma pessoa do povo comum. Alguns seres humanos tinham um maior valor que lhes era inerente e se baseava na linhagem familiar, em classes ou posições sociais ou em outros fatores. Alguns grupos sociais ainda pensam assim, e enquanto a escravidão não foi eliminada no mundo moderno, quase todos os países adotavam essa forma de pensar.

Logo no primeiro capítulo, porém, a Torá desafia essa crença. Ela nos diz que o que nos torna seres humanos é a semente de Deus dentro de nós. Por fora, podemos ser diferentes. Podemos ter diferenças naquilo que pensamos. Podemos vir de diferentes contextos e falar línguas distintas. Mas há um reflexo de Deus dentro de nós.

Os sábios do judaísmo se valem de uma linda parábola para retratar esse conceito. Um judeu que cunhava moedas estava conversando com um guarda romano. O guarda o desafiou e disse: "Seu Deus não tem poder. Você faz o que Ele também faz. Deus faz as pessoas. Você faz moedas. Qual a diferença?". O artífice respondeu: "Quando faço as moedas, todas elas saem iguais. Mas quando Deus faz os seres humanos, todos eles saem diferentes". Essas parábolas não devem ser interpretadas ao pé da letra. Às vezes, elas nos chocam com sua natureza estranha e extravagante. Mas elas captam verdades que ficam subentendidas. Todos temos um criador que nos fez únicos. Aliás, os aspectos que nos diferenciam — ou características únicas ou nosso senso de identidade — podem ser perfeitamente a assinatura de Deus.

Como esse conceito pode representar ajuda para as famílias? Ora, as famílias são constituídas por seres humanos únicos. E não escolhemos a família em que nascemos. Podemos até desejar que os membros de nossa família fossem diferentes, mas a harmonia depende de aceitarmos a singularidade dos outros. Quando tentamos forçar alguém a ser o que não é, surgem os conflitos. Deus ama cada ser humano do jeito que ele é, pois todos são criados segundo a imagem divina. Todos temos a mesma capacidade.

No entanto, quando aceitamos a singularidade de cada membro da família, aproximamo-nos de um valor central da Torá conhecido como *shalom bayit*, que significa "paz no lar". A história de Adão e Eva é um exemplo de como eles absorveram a ideia desse versículo para aprofundar o relacionamento de um com o outro. Esse aspecto positivo na história do jardim do Éden não é muitas vezes levado em conta, mas ele permite que vejamos como nossos relacionamentos levam um pouco de consolo e certo bálsamo para um mundo destruído. Em outras palavras, a saída do jardim do Éden propicia um contexto no qual Adão e Eva cresceram no relacionamento um com o outro.

A língua hebraica deixa isso claro mediante um jogo de palavras bem sutil. No capítulo 2 de Gênesis, lemos sobre a criação de Eva a partir de uma costela de Adão. Quando ele a conhece, Adão profere as seguintes palavras:

> "Esta, finalmente, é osso dos meus ossos
> e carne de minha carne.
> Ela será chamada Mulher *[ishah]*,
> Pois do homem *[ish]* foi tirada."
>
> Gênesis 2:23

As palavras de Adão revelam uma nuança perdida na tradução. Em hebraico, há duas palavras traduzidas por homem: *adam* e *ish*. *Adam* é um termo mais técnico e científico.

É o equivalente da nossa expressão "homo sapiens". *Adam* é cognato da palavra *adamah*, que significa "terra". A palavra *adam* reflete uma visão do ser humano como simplesmente uma realidade biológica destituída de alma.

A palavra *ish*, porém, tem outra conotação. *Ish* é uma pessoa única, um ser humano com personalidade e uma natureza ímpar. *Ish* é um indivíduo, não apenas membro de uma espécie biológica. Geralmente não detectamos essa nuança no hebraico, porque estamos acostumados com o nome "Adão". Mas, na língua hebraica, *adam* é um termo genérico. *Ish* conota uma personalidade individual.[1]

Mas qual a relação dessa diferença com o contexto desse versículo e com nossos relacionamentos? Antes desse versículo, a palavra *adam* é empregada apenas como referência ao primeiro ser humano. *Adam* é simplesmente uma realidade biológica, não um indivíduo com alma. Somente depois da criação de Eva — depois que Adão profere a palavra *ishah*, feminino de *ish*, que também denota um ser com personalidade única — é que Adão se torna *ish*. Em outras palavras, nossa personalidade e humanidade plenas surgem apenas na relação com outras pessoas. Deus nos criou para vivermos em relacionamentos. Essa capacidade faz parte do que nos torna humanos. É o reflexo da imagem divina dentro de nós.

A tradição judaica aplica essa ideia a muitos outros ensinamentos. Um mestre do judaísmo compara a mesa de jantar de uma família com o altar sagrado que ficava no Templo. Quando nos relacionamos com nossos entes queridos,

---

[1] Rabbi Jonathan Sacks, *A Letter in the Scroll: Understanding Our Jewish Identity and Exploring the Legacy of the World's Oldest Religion* (New York: Free Press, 2004), 79.

trazemos para nossa vida a presença divina, à semelhança dos antigos sacerdotes que invocavam a presença de Deus no Templo de Jerusalém. Os relacionamentos começam com o reconhecimento da centelha de Deus presente tanto em nós quanto no outro.

ABEL E CAIM

"Caim levantou-se contra seu irmão Abel e o matou."

Gênesis 4:8

Pense na seguinte verdade: o primeiro relacionamento entre irmãos acabou em assassinato. Se reconhecermos essa verdade, poderemos passar a olhar com outros olhos para os desafios impostos por nossos relacionamentos. Mas a história vai bem além de um sentimento de raiva e inveja entre dois irmãos. Ela também trata de comunicação e de como lidamos com a raiva dentro de nós.

Abel e Caim levam suas ofertas a Deus. Essas ofertas eram retrato da identidade de cada um. A Torá nos diz que Caim "cultivava o solo". Em outras palavras, ele era um agricultor. Abel "cuidava de ovelhas". Em outras palavras, era um pastor. Caim oferece de suas colheitas como sacrifício a Deus. Abel oferece "o melhor dos primogênitos de seu rebanho". Deus se agrada mais da oferta de Abel. Ao tomar conhecimento disso, Caim mata Abel. E Deus condena Caim a uma vida de peregrino (Gênesis 4:1-16).

Alguns estudiosos da Bíblia interpretam essa história como encenação do conflito entre civilizações nômades e agrárias, entre tribos fixas e outras que viviam se deslocando. Elas disputavam recursos limitados. Isso pode ser verdade, mas a história também é um profundo drama familiar. Quando olhamos para o versículo específico em que Caim mata Abel, podemos detectar parte do que deu errado e o que poderia ter feito diferença para melhor.

Antes desse versículo, vemos que Deus havia advertido Caim para que este controlasse sua raiva. Em um dos grandes exemplos de personificação literária da Torá, lemos: "O pecado jaz à porta [...] tu podes dominá-lo". Mas não foi isso que Caim fez. Em vez disso, deparamos com o versículo trágico: "Caim disse a seu irmão Abel [...] e quando estavam no campo, Caim levantou-se contra seu irmão Abel e o matou" (v. 7,8). O versículo não é claro. Ele começa dizendo: "Caim disse a seu irmão", mas não registra o que Caim disse! Algumas traduções do hebraico tentam completar o que Caim disse: "Caim disse a seu irmão: 'vamos para o campo'" ou algo parecido com isso. Mas acredito que o hiato seja intencional. Ele deixa subentendido que Caim não falou com Abel. Não expressou sua raiva e frustração. Ele absolutamente não se comunicou. Uma comunicação real entre Caim e Abel poderia impedir o homicídio. A Torá deixa clara essa possibilidade em uma história narrada um pouco depois acerca de José e seus irmãos. Mais adiante estudaremos os detalhes dessa história em que os irmãos planejam matar José. Mas eles conversam e mudam de plano. Essa conversa parece ter contribuído para que tomassem consciência de seus sentimentos e moderassem suas intenções. A mesma coisa poderia acontecer entre Caim e Abel. Mas Caim fracassou.

A Torá deixa subentendida a razão por que Caim não conversou com Abel. Ele não ouviu! Não ouviu o conselho divino para que pesasse suas ações. De acordo com alguns sábios do judaísmo, Caim também não deu ouvidos aos apelos de Abel. Eles dizem que depois que Deus deu preferência à oferta de Abel e não à de Caim, Abel procurou entrar em acordo com Caim e dividir com ele sua oferta. Mas Caim não o ouviu. Ele foi consumido pela raiva. Ele não conseguia dar ouvido a outras vozes, nem conseguia falar com os outros. Ele se fechou e deu vazão à raiva.

Às vezes, algumas pessoas se sentem como Caim. Elas simplesmente não querem ouvir. Pensam que o mundo está contra elas. Sentem-se tão cansadas e frustradas, que não conseguem nem falar. E sentem-se justificadas em sua raiva. Olhe para a história da perspectiva de Caim. Tanto ele quanto o irmão apresentaram uma oferta retirada de seus bens. Aliás, o texto dá a entender que Caim foi o primeiro a apresentar a oferta. Abel chegou em seguida. Mas, por razões que não são óbvias, Deus preferiu a oferta de Abel. Podemos entender por que Caim havia ficado com raiva. Ele se sentiu rejeitado por Deus.

A mesma coisa pode acontecer conosco, em especial no âmbito familiar. Maridos ou esposas podem se sentir desprezados e rejeitados. Irmãos podem sentir que o pai ou a mãe têm preferência por outro filho. Todos nós conhecemos o sentimento de rejeição, mesmo nos casos em que ela não é intencional. Na condição de pai de duas crianças, costumo ouvir uma ou outra dizer: "Por que o senhor não está me ouvindo?", Ou "por que a Hannah pode fazer tal coisa e eu não posso?". A atenção às necessidades de cada um e a tentativa de fazer o que é certo pode acarretar consequências que não estavam em nossos planos.

Como devemos reagir diante de sentimentos de rejeição? Como devemos ouvir e falar para evitar que o mesmo sentimento seja gerado nos outros? Podemos aprender a reagir se pensarmos no contexto em que a história se desenrola. Caim e Abel representam a primeira geração nascida fora do jardim do Éden. Eles vivem em um mundo onde há dor e sofrimento; às vezes, não percebem por que as dores e lutas marcam sua realidade. Nossa própria experiência nos ensina que nem sempre entendemos por que o mal acontece. Mas Caim parece não entender essa realidade. Talvez essa história sirva para nos lembrar de que não devemos esperar que o mundo seja sempre um lugar de justiça perfeita. Nem sempre podemos conhecer ou entender os caminhos de Deus. Às vezes, aceitar a ambivalência das coisas vale mais do que nossas certezas. Caim não sabia lidar com as incertezas. Mas precisamos aprender a lidar com elas se quisermos viver com o mínimo possível de integração e paz. Uma forma de conviver com as incertezas está na expressão de nossa raiva e mágoa. Caim podia tê-las expressado a Deus. Ele podia ter falado: "Deus, por que rejeitaste meu sacrifício? Eu te ofereci a mim mesmo. E tu me humilhaste. Por quê?" Ou Caim podia ter dito: "Deus, eu me desanimei e me enchi de raiva. Tu me rejeitaste. Ajuda-me a lidar com isso." Em outros lugares da Bíblia, esse clamor de aflição dirigido a Deus é algo normal. Lembre-se de Jó questionando seu destino diante de Deus, e de Abraão argumentando com Deus a respeito do que iria acontecer a Sodoma e Gomorra. Mas Caim ficou calado. Ele não apresentou sua frustração a Deus.

Algumas vezes, fazemos o mesmo com nossos entes queridos. Permitimos que a raiva e a frustração criem raízes. Quando preparo um casal antes do casamento, peço aos dois que respondam juntos a um questionário. São cerca de 35 perguntas. Depois lhes peço que destaquem as três perguntas que mais geraram discussão. Na reunião seguinte, revisamos o que eles conversaram acerca das três perguntas. Uma das perguntas é a seguinte: "O que o outro faz que deixa você irritado? Relate um caso em que um magoou o outro". Quase todos os casais incluem essa pergunta no meio das três que selecionamos. As conversas que acontecem por causa dessa pergunta os ajuda a entenderem e apoiarem um ao outro.

Essa verdade pode parecer contrária ao senso comum. Alguns casais que estão bem um com o outro dizem que nunca brigam. Mas a experiência me diz que as coisas não são bem assim. Isso é sinal de que um deles está escondendo ou desprezando algo que pode causar mágoas. Saber o que magoa um cônjuge, um amigo ou um irmão faz parte do que nos mantém juntos. Em outras palavras, intimidade exige que um conheça o outro profundamente — e as coisas que geram sofrimento ou raiva fazem parte desse conhecimento.

Uma fábula judaica do século 19 ilustra essa verdade. Dois amigos estavam em um bar. Haviam bebido um pouco além da conta, e o estado alterado em que se encontravam os levou a conversar sobre coisas nunca conversadas. Um deles se virou para o outro e perguntou: "Você gosta de mim?". O outro respondeu: "É claro que gosto de você. Conhecemos um ao outro desde que nos entendemos por gente". O primeiro então respondeu: "Diga-me o que me deixa magoado". O amigo respondeu: "Como vou saber o que o deixa magoado?". O primeiro então respondeu: "Como você diz que gosta de mim, se não sabe o que me deixa magoado?".

Eu diria que saber o que magoa as pessoas que amamos exige que estejamos dispostos a ouvir e a falar. Caim não fez nenhuma dessas duas coisas.

SAI

"O Senhor disse a Abrão: 'Sai da terra em que nasceste, da casa de teu pai e vai para a terra que te mostrarei'."

Gênesis 12:1

Essas palavras foram as primeiras que Deus dirigiu a Abraão. Elas marcam o início da jornada que levou ao nascimento do judaísmo e, finalmente, do cristianismo e do mundo ocidental que hoje conhecemos. Além de terem uma importância histórica universal, elas também são profundamente pessoais. Deus está conclamando Abraão a deixar sua família e a terra onde nasceu. Ele convida Abraão para crer na promessa divina e partir para um destino que não lhe era conhecido. O chamado de Deus, porém, vai bem além disso. É um convite para iniciar uma jornada que todos os seres humanos empreendem. É a jornada que leva ao autoconhecimento, à diferenciação e à maturidade. Esse versículo pode nos dar a impressão de que essa jornada resume-se simplesmente à nossa separação da família, mas ela é bem mais sutil e complexa. Todos podemos aprender com a jornada de Abraão e com as ideias dos sábios do judaísmo. A jornada se constitui de quatro passos.

O primeiro é a fé. Abraão precisava ter fé na mensagem que Deus lhe revelara. No hebraico, a palavra traduzida por fé inclui a acepção de confiança. É a palavra *emunah*. A melhor tradução não é "fé", mas "fidelidade". A jornada exige fidelidade à promessa feita por Deus.

Podemos não ouvir a voz de Deus falando diretamente conosco da mesma forma que aconteceu com Abraão, mas também precisamos de fé para empreender a jornada de nossa vida. Sem fé, somos apenas uma série de elementos químicos que interagem entre si. Nas palavras do cientista ateu Richard Dawkins, somos uma coleção de genes egoístas. Por que assumiríamos o risco envolvido em sair do conforto de nosso ambiente? Por que não deveríamos simplesmente obedecer aos nossos impulsos?

Sem fé, não temos livre-arbítrio. Somos apenas animais pré-programados. Sam Harris, um dos principais ateus de todo o mundo, usa a neurociência para tentar provar essa ideia.

Crescimento exige fé. Precisamos ter fé nas palavras daqueles que nos criaram. Precisamos de fé para crer que a vida vale a pena ser vivida. A verdade é que todos temos fé. O que nos diferencia é em que direção essa fé nos conduz na jornada.

Isso nos leva ao segundo passo: despedida. Cada viagem exige que deixemos o que nos é confortável e conhecido, pelo menos temporariamente. Abraão deixa a casa de seu pai. Moisés deixa a terra do Egito, onde havia nascido, e mais tarde deixa a terra de Midiã, onde havia encontrado refúgio. O patriarca Jacó — sobre quem falaremos de novo mais adiante neste capítulo — deixa sua terra natal e segue viagem para a casa de seu tio Labão.

Despedidas são importantes, pois são elementos essenciais em nosso encontro com Deus. A Bíblia tem muitos exemplos de despedida. Despedidas nem sempre têm uma perspectiva física, como no caso de Abraão. Elas também podem ser psicológicas ou espirituais. Conforme Paulo escreve em 1Coríntios, é o reconhecimento de que precisamos deixar para trás as "coisas de criança" e dar nova direção à vida, se quisermos viver nossa experiência com Deus (1Coríntios 13:11). Ninguém pode adivinhar exatamente como isso acontecerá. Mas é preciso que aconteça.

Quando a despedida acontece, por mais paradoxal que possa parecer, percebemos que ela não significa uma ruptura total com tudo o que veio antes. Despedidas estabelecem nosso vínculo com aquilo que sempre esteve dentro de nós. Mais uma vez, a jornada de Abraão reflete essa verdade. A primeira coisa que aponta na direção desse entendimento está nas palavras iniciais do trecho da própria Torá. As palavras em hebraico traduzidas por "sai" nesse versículo são *lech lecha,* e elas podem significar "ir para fora", mas a gramática também permite o significado "ir para dentro de si mesmo". A jornada de Abraão inclui não somente a descoberta do que já estava dentro dele, mas também uma experiência de crescimento e transformação.

Olhando com mais atenção para o texto, percebemos que a jornada de Abraão começou antes mesmo do chamado de Deus. A história de Abraão não começa com ele. Começa com Terá, pai de Abraão. Terá nasceu em Ur dos caldeus. Ele morava ali. É Terá quem sai para a terra de Canaã e faz uma parada em Harã. É ali que Terá morre. Abraão (que ainda se chamava Abrão) e sua esposa Sara (que ainda se chamava Sarai) já estavam a caminho da Terra Prometida quando ele recebe o chamado de Deus. Esse chamado confirmava a jornada iniciada por seu pai, mas é Abraão quem agora devia dar continuidade a ela. Ele a continuou e deu amplitude ao que havia acontecido antes dele.

O mesmo acontece conosco. Somos quem somos por causa das pessoas que nos influenciaram. Ninguém é uma folha em branco quando nasce. Mesmo quando nossa jornada nos leva em outra direção bem diferente daquela seguida por nossos pais e antepassados, carregamos conosco suas marcas e lembranças. Como usamos e interpretamos essas marcas e lembranças é algo que cabe a nós. A Torá deixa claro que os filhos não levam os pecados dos pais como herança. Deus não nos pune por algo que outra pessoa fez. Mas, não importa o que pensemos da vida e dos valores dos que vieram antes de nós, assim mesmo eles influenciaram nosso caráter, seja para o bem, seja para o mal. Nossa jornada pode ser empreendida por um caminho diferente, mas ela começa em algum ponto definido por aqueles que nos antecederam. Conforme as palavras do grande escritor William Faulkner: "O passado não morre jamais. Ele nem mesmo fica para trás".[2]

Com essa verdade em mente, chegamos ao trecho final da jornada: o legado que deixamos. Desde o início de sua jornada, Deus faz uma promessa a Abraão: teus descendentes herdarão a Terra Prometida e serão tão numerosos quanto as estrelas no céu. Abraão sabia que a jornada continuaria depois dele. Ela continuou por intermédio de seus descendentes. Vemos claros sinais dessa consciência quando ele estava chegando ao fim da vida. Uma de suas principais ocupações foi achar uma esposa para seu filho Isaque. E ele consegue. Nosso legado, porém, não se resume a deixar filhos. Ele inclui a transmissão de valores. É a preservação de nossas lembranças por meio da vida de terceiros.

Abraão e Sara, obviamente, deixaram esse legado por meio da formação de uma nação e de uma religião. Cada um de nós, porém, pode fazer o mesmo em maior ou menor escala. Recomendo uma técnica fundamentada em um costume judaico milenar. É o costume de redigir um "testamento

---

[2] William Faulkner, *Requiem for a Nun* in *Novels 1942-1954* (New York: Penguin Putnam, 1994), 535 (ato 1, cena 3).

ético". Testamentos éticos não têm nada a ver com dinheiro. São os valores, experiências e lições de vida que deixamos para nossos descendentes. Mesmo que sua origem esteja em Deus e tenha sido outorgada por Moisés, podemos dizer que a Torá é o testamento ético de Abraão. Ela apresenta suas experiências de vida, os valores e costumes que Deus lhe transmitiu por meio da formação de um novo povo.

RIVALIDADE

"Ouvindo as palavras de seu pai, Esaú chorou amargamente e disse a seu pai: 'Pai, abençoa-me também!'

Mas ele [Isaque] respondeu: 'Teu irmão veio com astúcia e tomou tua bênção'.

Disse [Esaú]: 'Por acaso, recebeu ele o nome de Jacó para que pudesse me suplantar essas duas vezes? Ele primeiro me tomou o direito de primogenitura e agora tomou minha bênção!'. E acrescentou: 'Não reservaste uma bênção para mim?'".

Gênesis 27:34-36

O tema da rivalidade entre irmãos começa com Abel e Caim e se estende pelo livro de Gênesis. Ismael e Isaque, os dois filhos de Abraão, não brigam diretamente um com o outro, mas são separados logo depois do nascimento de Isaque. Jacó e Esaú, os dois filhos de Isaque, começam a vida em disputa. Eles eram gêmeos, e Jacó nasce segurando o calcanhar de Esaú. O texto dá a entender que ele queria ser o primeiro a sair do ventre da mãe. Seu nome em hebraico — *Yaakob* — significa *calcanhar*. A disputa entre eles segue pela vida adulta. O caráter de um é o oposto do caráter do outro.

Lemos que Esaú era um homem do campo. Jacó passa a maior parte do tempo dentro de casa. Segundo os sábios do judaísmo, Esaú gostava da terra. Jacó gostava de livros. Esaú é o preferido do pai. Rebeca, a mãe, prefere Jacó. A primeira vez que eles aparecem interagindo, eles estão em conflito.

Esaú havia acabado de caçar. Mas não havia conseguido nenhum tipo de carne. Ele chega em casa, diz ao irmão que está com fome e lhe pede um pouco de sua sopa de lentilhas. Jacó concorda sob a condição de que Esaú lhe venda sua primogenitura, ou seja, os direitos de filho mais velho. Esaú aceita a proposta, pensando que poderia morrer se não comesse, e para que serviria seu direito de primogenitura se estivesse morto? Esaú come e bebe, e os dois se separam.

Vemos os dois novamente quando o pai estava para morrer. Isaque diz a Esaú que, antes de morrer, gostaria de saborear a carne de alguma caça feita por ele. Quando Esaú lhe entregasse a carne, Isaque lhe daria a bênção do primogênito. Rebeca, esposa de Isaque, ouve a conversa dos dois. Ela queria que Jacó recebesse a bênção no lugar de Esaú. A Torá não especifica o que essa bênção acarretava, mas os sábios do judaísmo dizem que ela determinaria o filho que haveria de levar adiante a aliança de Abraão. A bênção do primogênito determinava o filho preferido por Deus. Rebeca entende que sua obrigação era assegurar a bênção a Jacó.

Ela prepara a carne que Isaque aprecia, diz a Jacó que se vista com as roupas de Esaú (Isaque estava quase cego e não conseguiria ver o rosto ou o corpo de Jacó) e o instrui a entregar a refeição ao pai para receber a bênção do primogênito. Jacó concorda. Isaque hesita em pronunciar a bênção e diz que "a voz é de Jacó". Mas o abençoa.

Jacó sai e, logo em seguida, chega Esaú. Quando Isaque lhe diz o que havia acontecido, Esaú chora. Suas palavras falam ao nosso coração. Esaú foi enganado. Esaú foi vítima do mal. E não há nada que possa fazer para reverter a situação. Seu próprio irmão — com a ajuda da mãe — queria a bênção que pertencia por direito a Esaú e a tomou. O conflito entre esses dois irmãos é mais grave do que nos outros casos. Em primeiro lugar, pai e mãe estão envolvidos no conflito, e a mãe é cúmplice na fraude. Em segundo lugar, o conflito segue sem conciliação. Esaú chora. Esaú sofre o mal. Mas Jacó logo some de cena e sai da cidade para morar com Labão, seu tio. Esaú jura o irmão de morte, mas a Torá concentra o foco na vida de Jacó com Labão, e a tensão entre os irmãos segue sem solução.

O que a Torá pode estar nos ensinando aqui? Em certo nível, a Torá está cumprindo seu propósito teológico. Jacó é o escolhido de Deus para levar em frente a aliança. Essa história mostra como Deus agiu para que isso acontecesse. Mas no âmbito dos relacionamentos, a história tem muitas esferas de significado e de lições que podem ser aprendidas. Primeira, conseguimos nos identificar com Esaú porque sabemos o que é ser ignorado ou vitimizado. Lembramo-nos daquela vez em que não recebemos o prêmio que merecíamos. Lembramo-nos da vez em que caímos em uma cilada ou pagamos por algo que não fizemos. Podemos até mesmo ter vivido experiências em que um irmão nos boicotou para atrapalhar nosso relacionamento com nossos pais. Esaú representa bem os sentimentos que experimentamos.

O destino de Esaú também nos ajuda a entender a realidade e os perigos do favoritismo da parte dos pais. No caso de Jacó e Esaú, os dois são tão diferentes, que ficamos com a impressão de que as vidas do pai e da mãe giravam naturalmente em torno do filho com o qual cada um tinha mais afinidade. Assim, o conflito entre os irmãos acabou se reproduzindo nos pais. Rebeca podia não apenas se sentir mais ligada a Jacó. Talvez ela sentisse que ele tinha mais capacidade para levar em frente a aliança. Talvez ela simplesmente achasse que Jacó era melhor como filho e tenha resolvido tirar vantagem da cegueira de Isaque para dar a Jacó o que ele queria.

Esse tipo de favoritismo não é novidade nos dias atuais. Lembro-me de um casal em minha primeira sinagoga, pais de uma menina e de um menino que era o caçula. Estávamos em preparação para a cerimônia de *bat mitzvah* da garota. Eu estava começando a conhecer a família e perguntei se ela tinha irmãos ou irmãs. Nessa hora, a conversa tomou outro rumo, e os pais começaram a falar do filho. Ele era um ótimo atleta! Ia muito bem na escola! Iria participar da cerimônia de *bat mitzvah* da irmã! Fiquei tentando achar um jeito de reagir com simpatia, mas estava claro que os pais tinham muito mais facilidade para demonstrar orgulho e afeição pelo filho. A história de Jacó e Esaú revela os perigos dessa tendência. O comportamento dos pais não somente causou uma hostilidade que durou vinte anos entre os irmãos e o desejo que Esaú tinha de matar Jacó, mas também percebemos que os dois filhos se distanciaram dos pais. Jacó nunca mais vê a mãe, e a Torá dá a entender que tampouco ele reencontrou o pai antes da sua morte. Esaú sai de casa e casa-se com uma moça de uma tribo inimiga de Israel, os hititas, trazendo grande decepção para os pais. Favoritismo descontrolado pode destruir famílias.

No fim, a Torá nos orienta na reconciliação e na prevenção de conflitos que persistem pela vida. Esaú recebe uma bênção do pai. As palavras da bênção subentendem que ele teria uma vida de realizações e não estaria para sempre subordinado ao irmão. Os sábios do judaísmo refletem sobre o destino de Esaú e dão a entender que, enquanto o mundo não ouvir o lamento de Esaú, o Messias não virá! É assim que eles afirmam que, no fim, justiça será feita a Esaú. Deus não permite que a injustiça dure para sempre. E Jacó não deixa de ser punido por seu comportamento. Da mesma maneira que Jacó enganou seu irmão, seu tio Labão também o enganou. Ele substituiu a filha mais nova, com quem Jacó queria se casar, pela mais velha, e obriga Jacó a trabalhar para ele catorze anos, para que só depois se casasse com a filha que Labão lhe havia prometido.

Além disso, Jacó e Esaú conseguem se reconciliar de uma maneira impressionante. Completados os anos de serviços prestados por Jacó a Labão, ele começa sua viagem de volta a Canaã e fica sabendo que Esaú havia arregimentado quatrocentos soldados e feito planos para encontrá-lo. Jacó fica apavorado. Ele divide sua família em dois grupos, na esperança de que, se um fosse atacado por Esaú, o outro sobreviveria. Ele passa a noite anterior ao encontro lutando com um anjo. Então os dois irmãos se reencontram, proferem palavras gentis um ao outro e seguem por caminhos diferentes. Qual foi a causa da cura dos dois?

Bem, uma resposta simples é tempo. Às vezes, os conflitos esfriam com o tempo, e percebemos que não nos fizeram tanto mal assim. Mas a experiência me diz que o contrário também pode acontecer. O tempo às vezes solidifica os conflitos. No caso de Esaú e Jacó, o fator crítico não foi o tempo. Duas outras realidades nos ajudam a entender a reconciliação e ambas podem nos orientar.

A primeira está na consciência que Jacó tem de si mesmo. O Jacó de vinte anos atrás não era mais o mesmo. Ele passara pela experiência de vinte anos de trabalhos forçados prestados a Labão (Gênesis 31:38). Agora estava casado e tinha filhos. Havia lutado com um anjo, que lhe causou uma lesão permanente. Talvez as feridas abertas pela vida tenham-no transformado de um jovem arrogante e trapaceiro em um líder mais sábio e compreensivo. Ele personifica uma verdade mais tarde declarada no livro de Eclesiastes: "Tempo e acaso sobrevêm a todos nós" (Eclesiastes 9:11). A exemplo de Jacó, podemos aprender com as duras experiências que temos na vida para abrir nosso coração aos outros.

A segunda realidade é a capacidade de perdoar demonstrada por Esaú. Como sabemos, ele havia passado por um profundo sofrimento. Mas a Torá nos diz que ele correu para Jacó, sem reservas, e o abraçou! Jacó havia preparado um sofisticado ritual para mostrar seu respeito por Esaú e, aparentemente, tentou suborná-lo com presentes caros. Mas Esaú não está interessado. Ele queria apenas encontrar e abraçar o irmão.

Como se explica sua capacidade para perdoar? Acho que podemos encontrar a resposta olhando para sua primeira interação com Jacó, quando este o obriga a lhe dar o direito da primogenitura em troca de um prato com sopa de lentilhas. Esaú podia ter morrido de fome se não fizesse essa concessão, mas parece que ele não deu muita importância ao fato. Não há registro de alguma queixa posterior da parte de Esaú. Parece que ele havia aceitado bem a concessão do direito de primogenitura e se esquecido do assunto. Isso dá a entender que Esaú tinha a capacidade de superar rapidamente o passado. Ele não permite que a raiva crie raízes. Ele segue em frente.

A capacidade de seguir em frente é um dom maravilhoso. Para alguns, é algo natural, mas todos podemos desenvolvê-lo. Ora, há quem diga que nunca devemos esquecer, pois esquecer que alguém nos ofendeu é uma forma de leniência com o erro e nos transforma em masoquistas. Esquecer, no entanto, não subentende leniência. No caso em questão, perdoar significa seguir em frente. Significa não ficar refém do passado. Significa lembrar-se de outro modo, com um propósito mais nobre em vista. Essa capacidade tem importância especial para os que passaram por experiências traumáticas. A Universidade do Texas conduziu recentemente um estudo científico que mostra que "esquecer intencionalmente é lembrar de outro modo, com um propósito. É importante dizer que, para cientistas e terapeutas, esquecer intencionalmente pode representar uma habilidade passível de ser deliberadamente exercitada".[3] Há mais de três mil anos, Esaú nos ensinou essa verdade. Sua história concede esperança a qualquer um que tenha sobrevivido a um trauma em família.

JOSÉ E SEU PAI

Os traumas podem se manifestar também em gerações posteriores à nossa. Ciúme e raiva podem reaparecer. É o que acontece na vida dos filhos de Jacó. Eram doze filhos, dos quais José era o que mais se destacava. A história de José e seus irmãos é bem conhecida. Ela termina com um belo momento de reconciliação, conforme veremos a seguir.

---

[3] Benedict Carey, "Can We Get Better at Forgetting?" *New York Times*, March 22, 2019. Acesso: 27/5/2021. https://www.nytimes.com/2019/03/22/health/memory-forgetting-psychology.html

Mas há outro conflito na história de José — um conflito sutil entre ele e seu pai Jacó. O conflito não fica óbvio em uma leitura rápida, mas há sinais de sua existência no texto. É esse relacionamento que vamos analisar para entender o que ele pode nos ensinar hoje.

José vem ao mundo na condição de filho preferido do pai, pois é o filho de Raquel, sua esposa preferida. Jacó é plenamente afetuoso com José. É famosa a história da veste especial que Jacó dá ao filho, uma capa colorida, motivo de raiva para os irmãos. Eles entendem claramente que o pai havia favorecido José, que, por sua vez, lhes dá motivo para mais hostilidade, contando vários sonhos nos quais ele dominava sobre os irmãos. O segundo sonho é bem revelador.

José descreve o sonho para os irmãos: "Tive outro sonho, e desta vez o sol e a lua e onze estrelas curvavam-se perante mim". José relata o sonho também ao pai, e Jacó se enche de raiva, pois logo entende o simbolismo implícito. O sol e a lua representam Jacó e Raquel, pai e a mãe de José. As onze estrelas são seus irmãos. Jacó repreende a José. A Torá não explica por que Jacó se enche de raiva, mas fica claramente implícito que Jacó acha absurda a ideia de ele e Raquel se curvarem diante de José, principalmente porque sua mãe já havia morrido. Uma coisa é seus irmãos o servirem. Outra coisa é seu pai e a falecida mãe se curvarem a ele. Parece que José havia ido longe demais em suas visões de grandeza.

Pouco tempo depois, Jacó manda José para que este ajude seus irmãos no campo. Ali chegando, seus irmãos o pegam, jogam-no em um buraco e o vendem a traficantes de escravos. No fim, conforme todos sabemos, José sai da condição de escravo e se torna primeiro-ministro do Egito, braço direito do faraó, e sua inteligência livra da fome tanto o

Egito quanto sua própria família. Mas há uma pergunta que persiste na história de sucesso de José no Egito. Ele nunca procura entrar em contato com o pai. Ele nem mesmo envia mensageiros para ter notícias. Sendo primeiro-ministro do Egito, é claro que ele tinha meios de enviá-los. Mas José não faz nada. E o texto nos permite saber que Jacó pensava que José estava morto, tanto que ele cai em depressão depois que os irmãos lhe dizem que ele havia sido devorado por um animal feroz. Então, por que José não tomou a iniciativa de mandar dizer ao pai que ele estava bem? Por que não fez ele o mínimo, ou seja, pelo menos verificar se seu pai estava vivo?

Acredito que a resposta esteja na possibilidade de que José achasse que o pai o havia rejeitado. Ele acredita que seu pai não queria mais nada com ele. Por que outro motivo teria Jacó enviado José para ajudar seus irmãos no campo? Jacó devia saber que os irmãos o desprezavam. Ele também sabia que eles eram capazes de cometer violência. A Torá relata que eles já haviam destruído uma cidade inteira para se vingar de uma ofensa contra sua irmã Diná (Gênesis 34). Não era a primeira vez que Jacó se afastava de algum filho. Quando Rúben, seu primogênito, deita-se com uma das concubinas do pai, Jacó o destitui (Gênesis 35:22; veja também Gênesis 49:3,4 e 1Crônicas 5:1,2). Portanto, era perfeitamente possível pressupor que seu pai o estava punindo por causa do sonho de que iria reinar sobre ele. José conclui que seu pai o havia enviado ao campo para levar uma surra e ser vendido pelos irmãos.

Aliás, logo depois de se casar com uma egípcia e de ter o primeiro filho, José revela seu sentimento de alívio, por estar longe da casa do pai e ter fugido de seu passado. Lemos que

José deu a seu primogênito o nome Manassés, que significa: "Deus me fez esquecer completamente do meu sofrimento e da casa dos meus pais" (Gênesis 41:51). José se sentia rejeitado pelo pai e, ao construir uma nova vida no Egito, finalmente se sentiu aliviado. Ele não queria vínculos com seu passado.

Mas, conforme logo veremos, sua visão do passado estava distorcida. José estava completamente enganado. Seu pai não o havia desprezado. Ele havia chorado sua morte. E sentia muito sua falta. Mas, no final, José acaba percebendo seus erros. Mas o que ele havia concluído sobre os sentimentos do pai em relação a ele levou-o ao silêncio e à total falta de preocupação com Jacó durante vinte e dois anos.

O que podemos aprender dessa história? Vivemos imaginando como os outros se sentem. Imaginamos que estejam com raiva, decepcionados ou descontentes. Alguma vez você já olhou para pessoas que estavam rindo e falando e pensou que o assunto era você? Todos fazemos isso, e essa percepção pode levar a sentimentos negativos e a erros na maneira que interpretamos o que as pessoas fazem. Esses erros podem destruir relacionamentos de longa data. Podemos pensar que nosso cônjuge está com raiva de nós, quando, na verdade, ele apenas teve um dia difícil no trabalho. Podemos pensar que o outro motorista nos fechou de propósito no trânsito, mas ele está apenas correndo para um hospital. Às vezes, mal-entendidos podem ser a causa de longos conflitos. No filme *Avalon,* há uma ótima cena em que, durante uma refeição do Dia de Ação de Graças, os parentes que moram mais afastados chegam atrasados para o jantar. A família hospedeira tinha muitos filhos pequenos, e eles resolvem cortar o peru assado e começar a comer, pois as crianças estavam chorando.

Quando os parentes chegam e veem que eles já haviam começado a comer, sentem-se rejeitados, vão embora, e a família se divide.

Existe uma solução para mal-entendidos? Nesses casos, o perdão não funciona, pois perdão geralmente subentende uma ofensa feita de propósito. Nem sempre é possível evitar um mal-entendido. A melhor maneira de resolvê-los é pela empatia, colocando-se no lugar do outro. Na história de José, o apelo desesperado que Judá lhe faz serve para ajudá-lo a reconhecer os verdadeiros sentimentos de Jacó para com ele (Gênesis 44). Quando entende como seu pai havia sofrido e sentido sua falta, ele admite que estava errado. Quando José compreendeu os sentimentos do pai, seus próprios sentimentos foram transformados. A empatia é o caminho para a compreensão.

Isaac Loeb Peretz, escritor judeu do século 19, retrata essa verdade em uma história profunda e divertida sobre o condutor de uma carroça e seu cavalo. Os dois sempre se estranhavam. O cavalo dizia: "Primeiro me dê minha ração; depois eu puxo a carroça". O condutor respondia: "Primeiro puxe a carroça; depois lhe dou a ração". O condutor era quem tinha as rédeas na mão e as usava enquanto o cavalo não obedecia. No final, o cavalo acabou caindo morto.

Agora era o condutor que precisava puxar a carroça. A força necessária para isso era maior que a força do condutor, de modo que ele também acabou caindo e morrendo. Chegando ao céu, ele foi informado de que o cavalo havia prestado queixa contra ele. Ele foi intimado a comparecer para ser julgado diante do Trono do Julgamento. O cavalo deu seu depoimento: "Ele me batia sem dó! Ele tirou minha vida de tanto me bater com as correias!". O condutor respondeu: "Ele não passa de um cavalo e, por sinal, bem incompetente". Eu usava as rédeas porque ele não se mexia!". "Mas eu não tinha forças", gritou o cavalo. "Por acaso eu tinha?", respondeu o condutor aos gritos. "Eu era obrigado a puxar a carroça. Será que um cavalo não é mais forte que um homem?"

O Tribunal Celestial ficou diante de um impasse. E deliberaram durante um bom tempo antes de pronunciar o veredicto: "O cavalo não dava ouvidos ao condutor, e este não dava ouvidos ao cavalo. Portanto, os dois vão voltar à terra. O cavalo será transformado em condutor, e o condutor vai virar cavalo. Este tribunal vai esperar até que eles aprendam um a ouvir a voz do outro e a sentir a dor do outro". Podemos fazer a mesma coisa uns pelos outros.

RECONCILIAÇÃO

Gênesis começa com um fratricídio. E termina com perdão entre irmãos. Em muitos aspectos, a história de Gênesis retrata as dificuldades para constituir e preservar uma família. É a história de pessoas que, aos trancos e barrancos, aprenderam a respeitar e formular suas leis em relação direta com a palavra de Deus.

No final do livro de Gênesis, a construção dos relacionamentos em família é expressa com toda força. O homem que havia tentado fugir de seu passado acaba tendo um reencontro com seu próprio passado. No leito de morte, José orienta seus filhos para que não deixem seus ossos no Egito. Eles devem voltar, diz José, à terra de Canaã. Quando fossem para lá, deveriam levar junto os ossos do pai.

Esse pedido tem um significado mais profundo. Não se trata simplesmente dos ossos de José. Os israelitas levariam muito tempo para sair do Egito. (Eles saíram quatrocentos anos depois.) Até lá, os ossos de José já não estariam inteiros. Teriam virado pó. Mas eles simbolizam a reconciliação e os laços indestrutíveis dos filhos de Jacó. Representam o processo pelo qual o povo judeu, antes uma série de tribos em conflito — com muitos casos de rivalidade entre irmãos — se transformaria em uma só nação. Essa unificação é o que viabiliza o próximo livro da Torá, o livro de Êxodo, pois nele a nação de Israel tem suas experiências com Deus e se torna um povo santo. Antes de se tornar uma nação, eles precisavam se tornar uma família. Mas, quando se tornam uma nação, recebem a Torá, mensagem sagrada que iria mudar a história. É para essa jornada que agora nos voltamos.

⟨ CAPÍTULO TRÊS ⟩

ÊXODO

OS NOMES ADOTADOS como títulos dos livros da Bíblia nem sempre traduzem os títulos em hebraico. Estes sempre refletem a primeira palavra importante do livro. ("Importante" não inclui artigos e conjunções como "o", "a", "esse", "essa" e "ou".) Êxodo retrata um dos temas do livro: a libertação de Israel, que deixou a escravidão no Egito e partiu rumo à Terra Prometida. O título do livro em hebraico, porém, não é tão eloquente. É *Shemot,* "nomes". O livro de Êxodo começa assim: "Estes são os nomes dos israelitas que foram para o Egito com Jacó". Por isso, damos ao livro o título *Shemot.*

O êxodo é um tema importante no livro, mas *Shemot* remete a outro tema, um fio condutor que se estende sistematicamente por todo o livro. É em Êxodo que os israelitas passam a ser conhecidos, pois se tornam um povo ao ouvir a voz de Deus no monte Sinai. Moisés passa pelo mesmo processo. Eles descobrem sua identidade ouvindo a voz de Deus e a ela respondendo. Moisés ouve o nome divino no episódio da sarça ardente, e isso marca o início da salvação do povo.

O processo pelo qual Moisés e os israelitas adquirem uma identidade pode nos orientar na maneira como compreendemos e identificamos a nós mesmos. Identidade não é algo que se recebe automaticamente. Ela é uma combinação do que recebemos e do que fazemos. Podemos não passar por todas as experiências e pragas pelas quais os israelitas passaram. Podemos não precisar de uma jornada de quarenta anos pelo deserto. Mas com certeza passamos por momentos de tristeza e momentos de alegria. Vivemos perdas e milagres. Através deles, crescemos e nos tornamos quem somos. Escrevemos e vivemos nossa história de salvação.

UM FARAÓ QUE NÃO HAVIA CONHECIDO JOSÉ ASSUME O PODER

"Levantou-se sobre o Egito um novo rei que não conhecia José."

Êxodo 1:8

Os relatos emocionantes logo aparecem no livro de Êxodo. Sabemos que todos os parentes de José foram para o Egito e ali se fixaram. Viveram sem problemas durante um período. Então se levantou um novo faraó. Isso significa que esse novo soberano do Egito não conhecia a história dos judeus em seu país. Desconhecia o papel que eles tiveram na salvação do Egito. Em outras palavras, a nação sofria de amnésia histórica. Não conhecia mais o seu passado.

Por consequência, os egípcios começaram a olhar para os israelitas como se eles fossem um povo traiçoeiro. Eram vistos como traidores prontos a cooperar com os inimigos do Egito. Para evitar a concretização desse eventual cenário, eles escravizaram os israelitas e planejaram um genocídio de grandes proporções, que eliminaria todos os israelitas do sexo masculino na hora em que nascessem. Essa é a pior crise que o povo judeu já havia enfrentado até então. Mas ela também marcou uma reviravolta completa. Tudo começou quase de imediato com o decreto pelo qual o faraó decidia escravizar o povo, conforme lemos: "O povo [os israelitas] se multiplicava". Os sábios do judaísmo também dizem que o povo se multiplicava e continuava a falar hebraico. Os egípcios tentaram impedi-lo. Mas o povo resistiu. Então os egípcios tentaram separar maridos e esposas, para que não se reproduzissem. Mas os israelitas continuaram a ter filhos. Os sábios lembram diversas vezes que a situação de escravidão acabou fortalecendo o povo e o fez aumentar em número.

Como isso é possível? A Torá declara que, com fé, crescemos nos períodos de provações e sofrimento. Quando temos consciência de que Deus está conosco, reagimos bem às urgências. Isso não se aplica sempre a toda e qualquer pessoa. Às vezes, não sentimos que Deus está presente. Sentimo-nos perdidos e sem esperança diante das tragédias da vida. Às vezes, esse sentimento é justificável. Mas o livro de Êxodo faz ressoar diversas vezes esta verdade: no meio da escuridão, encontramos luz. Vejamos o caso do povo judeu e o que podemos aprender com ele.

Em primeiro lugar, conforme observamos, as dificuldades ajudaram a fortalecer a identidade do povo. Todos temos uma história que antecedeu nosso nascimento. Nossa vida surge em um contexto formado por aqueles que nos geraram, criaram e nos ajudaram a ser quem somos. O evento do êxodo é o contexto do nascimento do povo judeu. Essa verdade se evidencia claramente nas primeiras palavras dos Dez Mandamentos (Êxodo 20:2). A primeira coisa que Deus diz é: "Eu sou o Senhor, teu Deus, que te tirou da terra do Egito, da casa da servidão". Deus dirige essas palavras a todo o povo judeu. Ele se apresenta, antes de tudo, dizendo: "Eu vos tirei da terra do Egito"!

Para entender o que isso significa, imagine que você encontre um homem desconhecido. Talvez você conheça a esposa desse homem. Então, ele se apresenta, dizendo: "Oi, meu nome é John. Sou casado com a Ruth". As primeiras palavras proferidas por John estabelecem um ponto de contato pelo qual você o conhece. Também é possível que ele faça referência àquilo que imagina ser seu diferencial. Algumas pessoas se apresentam e imediatamente dizem que profissão exercem. Outras podem nos dizer de onde são. Quando Deus se apresenta ao povo judeu, ele diz: Eu sou aquele que os tirou da terra do Egito.

O evento do êxodo não é apenas um símbolo do passado dos israelitas. Ele também estabeleceu o contexto específico no qual eles surgiram, debaixo de circunstâncias de perseguição, mas eles a enfrentaram em nome da justiça divina. Se não houvesse um faraó "que não havia conhecido José", o povo judeu poderia não existir. Eles poderiam continuar a fazer parte da cultura egípcia durante um tempo, mas é provável que, no fim, seriam assimilados pelo povo egípcio ou teriam desaparecido em uma das muitas guerras nas quais o Egito foi derrotado. Eles não formavam um grupo muito numeroso. Poderiam ter sido facilmente assimilados. Esse desafio foi enfrentado por judeus e outras minorias religiosas através da história. Mas a adversidade por eles experimentada gerou solidariedade. Desafios gigantescos geraram um vínculo extraordinário que se tornou parte da essência de sua identidade.

Costumamos nos aproximar dos outros quando enfrentamos desafios longe de casa. Durante meu primeiro ano de formação como rabino, toda a minha turma passou um ano inteiro em Israel. Foi entre 2001 e 2002, no auge da Segunda Intifada, quando homens-bomba explodiam por todo o país. Eu morava em Jerusalém, e os atentados a bomba aconteciam pelo menos uma vez por semana. Apesar do medo e da preocupação de nossos pais, os colegas de minha turma se uniram com grande afeto uns pelos outros e com amor por Israel. A vida no meio do terror nos ajudou a entender como o apoio mútuo é importante. Adquirimos consciência da vulnerabilidade dos israelenses, o que nos fez perceber o grande valor de Israel e como cada um precisava ser corajoso. O terrorismo surtiu um efeito contrário ao esperado. Em vez de roubar a esperança, ele trouxe força.

Além de aproximar os israelitas uns dos outros, a experiência de perseguição consolidou uma das maiores certezas do judaísmo: Deus está do lado dos oprimidos. Deus não é condescendente com tiranos. Ele não protege os poderosos que cometem injustiça. Hoje, podemos achar que isso é algo óbvio. Vivemos em um mundo influenciado pela Bíblia. Mas há três mil anos no Egito, muitos acreditavam exatamente no contrário: os poderosos estão certos. Muitos acreditavam que o próprio faraó era um deus. O que ele considerava certo estava certo. Os escravos eram esquecidos pelos deuses, mas os poderosos eram abençoados.

Moisés e, consequentemente, todo o povo judeu desafiaram esse conceito. Ao dizer ao faraó, por meio de Moisés:

"Deixa meu povo ir", Deus estava se identificando com os oprimidos. Deus destrói um sistema injusto, e essa experiência reverbera por toda a trajetória dos judeus. Vez após vez, a Torá nos diz: "Não oprimirás o estrangeiro, pois foste estrangeiro na terra do Egito". Esse é um dos mandamentos mais repetidos em toda a Bíblia. Se o povo judeu não fosse submetido à ascensão de um faraó "que não conhecia José" e não tivesse passado pela experiência da escravidão, hoje não defenderíamos esse valor essencial. Nas palavras de Abraham Heschel, a escravidão nos tornou obcecados por justiça.

Pense em seus valores mais importantes. De onde eles vieram? Alguns podem ter vindo de nossos pais ou do contexto em que vivemos. Outros, porém, nasceram das experiências da vida. Por exemplo, meu avô por parte de mãe teve uma infância marcada por problemas de saúde. Ele acabou se tornando o primeiro da família a estudar e fazer faculdade de medicina. Durante quarenta anos, foi um médico muito admirado no estado de Milwaukee e nunca deixou de atender os que não tinham condições de pagar. Ele me disse que, por causa dos médicos que cuidaram dele, tomou a decisão de jamais deixar de atender os mais necessitados. As experiências que ele teve na vida formaram seus valores, assim como acontece conosco e aconteceu com os israelitas há três mil anos.

AS TRÊS EXPERIÊNCIAS DE MOISÉS

Os contornos dos valores que influenciariam o povo judeu podem ser vistos nos primeiros anos de vida de Moisés. Sua jornada pessoal foi prenúncio da jornada de Israel como comunidade. Isso fica evidente em três belas passagens da

Torá. Assim como os Evangelhos retratam a formação do caráter de Jesus relatando as tentações no deserto, Deus molda o caráter de Moisés através das provas no Egito e em Midiã. Cada prova prepara o caminho para a próxima.

A primeira pode ser vista quando Moisés sai do palácio do faraó. Ele encontra um egípcio feitor de escravos que estava espancando um israelita. Moisés se identifica com o israelita. A Torá não nos diz como Moisés sabia que ele mesmo era israelita. Ele foi criado no palácio do faraó e, portanto, poderia pensar que era egípcio. A Torá não nos informa se o faraó ou sua filha — a que resgatou Moisés das águas do rio Nilo — chegaram a lhe dizer que ele era israelita. Ao sair do palácio, porém, ele imediatamente se identifica com outro israelita. De acordo com os sábios do judaísmo, é provável que a filha do faraó tenha lhe contado a história de suas origens. Isso evidencia sua justiça e a verdade de que, às vezes, cuidado e salvação podem vir dos lugares mais imprevisíveis. O faraó foi aquele que ordenou o genocídio dos meninos israelitas. Quem poderia dizer que a filha do faraó salvaria o futuro líder de Israel? Os sábios têm a filha do faraó em alta estima, tanto que lhe chamam Batya, que significa "filha de Deus".

Curiosamente, ela é uma das várias mulheres que, em diferentes situações, salvaram a vida de Moisés. As duas primeiras são sua mãe e Miriã, sua irmã. Elas puseram em execução o plano de colocá-lo em um cesto de vime e lançá-lo às águas do rio Nilo. Antes disso, as duas parteiras que fizeram o parto de Moisés (e de outros meninos hebreus) também lhe salvaram a vida, desobedecendo à instrução do faraó de que deviam matar os meninos assim que nascessem (Êxodo 1:15-21). As parteiras se chamavam Sifrá e Puá, mas o texto não deixa claro se eram egípcias a serviço das hebreias ou se eram hebreias. Qualquer que seja a nacionalidade das duas, os sábios do judaísmo as consideram heroínas, pois desafiaram o faraó com o objetivo de salvar vidas. Jonathan Sacks, rabino dos dias atuais, refere-se a elas como as primeiras defensoras dos direitos humanos. Elas incorreram em desobediência civil para poupar vidas inocentes.

Os primeiros atos praticados por Moisés retratam claramente os valores e o caráter daquelas que lhe salvaram a vida. Ao ver o egípcio que estava espancando o escravo israelita, a primeira coisa que ele fez foi "olhar para a esquerda e a direita". À primeira vista, parece que Moisés está olhando para os lados para se certificar de que ninguém veria o que ele estava para fazer. Ou seja, Moisés queria ter certeza de que ninguém o denunciaria por defender um escravo israelita. No entanto, há sábios judeus que entendem esse versículo de outro modo. Eles dizem que Moisés estava olhando para ver se chegaria alguém para defender o israelita. Estava procurando alguém que agisse com justiça. Vendo que não aparecia ninguém, decidiu ele mesmo agir. No Talmude, os sábios do judaísmo tiram uma importante lição desse ato: "Em lugares onde não há seres humanos, você precisa ser um ser humano". Vendo que ninguém agia, Moisés age em nome da justiça e compaixão.

O próximo ato de Moisés acrescenta uma nuança ao conceito de justiça. Depois de defender o escravo israelita, ele encontra dois hebreus lutando um contra o outro. Ele desafia o agressor, que então pergunta a Moisés: "Quem és tu? Quem te fez nosso líder? Haverás tu de me matar conforme fizeste ao egípcio?". Moisés enfrenta aqui um grande desafio para seu caráter. Será que ele deixará de agir porque o agressor é seu compatriota? Permitirá ele a violência porque o outro pertence ao mesmo grupo? Não foi isso o que Moisés fez. Ele impede o agressor e põe fim ao conflito. Mantém-se fiel às suas convicções e enfrenta os desafios impostos aos seus valores e à sua liderança.

Entretanto, Moisés percebe que a notícia de que ele havia defendido o escravo israelita havia se espalhado. Ele precisava fugir do Egito. Vai, então, para a terra de Midiã, onde viviam muitos nômades. Seu primeiro contato com eles acontece junto a um poço. Moisés vê um grupo de pastores agredindo sete irmãs. Ele é estrangeiro. Não tem parentesco com nenhum dos lados que estão em conflito. Mesmo assim, ele se levanta e defende as irmãs. Ahad Ha-am, teólogo judeu do século vinte, analisa o episódio e diz: "O profeta não faz distinção entre pessoas, mas apenas entre o certo e o errado. [Moisés] viu alguns pastores, que tentavam tirar vantagem da situação agredindo mulheres indefesas, e (conforme diz a Bíblia) 'levantando-se, salvou-as e deu de beber ao rebanho delas'".[1] Esses três acontecimentos retratam a índole de Moisés. Eles revelam sua identidade emergente e o preparam para o chamado que está para receber.

Antes, porém, de tratarmos desse chamado, vejamos a lição que a experiência de Moisés tem para nos ensinar. Por um lado, ela revela uma das formas pelas quais surgiu a sede por justiça que caracteriza os judeus. Como grande profeta dos judeus, Moisés é usado por Deus para definir as crenças

---

[1] Hillel Halkin, "What Ahad Ha'am Saw and Herzl Missed — and Vice Versa," *Mosaic*, October 5, 2016. Acesso: 27/5/2021. https://mosaicmagazine.com/essay/history-ideas/2016/10/what-ahad-haam-saw--and-herzl-missed-and-vice-versa/.

e os valores mais importantes do povo. Os primeiros anos da vida de Moisés também nos mostram que Deus lida com nossos desejos menos conscientes. Moisés tinha sede de justiça. Portanto, Deus o colocou em situações que lhe deram oportunidade de externar esse sentimento. Os sábios do judaísmo ensinam que todos passamos por um momento que nos faz entender "por que fomos criados". Moisés passou por esses momentos quando atendeu ao chamado de Deus que exigia justiça. Parte de nosso dever é perceber esses momentos que surgem em nossa vida. Eles poderão não ser tão dramáticos quanto as experiências de Moisés. Mas trarão à tona nosso caráter e a imagem de Deus em nós.

A SARÇA NÃO SE CONSUMIA

"E o anjo do Senhor apareceu-lhe em uma chama de fogo em uma sarça. Ele olhou e viu que a sarça estava em chamas, mas não se consumia. Moisés disse: Vou me aproximar para ver essa coisa espantosa. Por que a sarça não se consome?

E, vendo o Senhor que ele se aproximava para ver, Deus o chamou do meio da sarça: Moisés, Moisés! E ele respondeu: Estou aqui."

Êxodo 3:2-4

Moisés casou-se com uma das irmãs midianitas que havia defendido e fixou-se em Midiã. Quando Deus lhe fala novamente, ele está levando uma vida comum. Mas então vê a sarça em chamas. Trata-se de um dos momentos mais enigmáticos e memoráveis da Torá. O texto tem motivado diversas interpretações, tanto na teologia judaica quanto cristã. Segundo uma dessas interpretações, a sarça ardente retratava a realidade dos milagres. Moisés vê um milagre acontecendo bem diante de seus olhos. Isso o transforma e o leva a se tornar líder dos israelitas. Embora eu me identifique com essa opinião, nosso foco será dirigido às palavras de Êxodo que moldaram a identidade do povo judeu e lhe trouxeram a grande salvação. Olhar para esse momento miraculoso através de outras lentes nos ajuda a entender esse processo.

Em primeiro lugar, precisamos entender quem era Moisés quando chegou ao local onde viu a sarça, pois esse evento transforma sua vida. Depois de fugir para Midiã, ele passou a viver em paz, casou-se com a filha de um sacerdote midianita e trabalhava como pastor. Podemos pensar que Moisés deveria ter aproveitado e continuado a viver essa vida tranquila. Ele já havia experimentado uma vida bem tumultuada, escapara da morte quando bebê, crescera no palácio real do Egito e de novo havia sido salvo da morte empreendendo fuga. Talvez ele tivesse finalmente encontrado a paz que procurava.

Mas Deus não iria deixar Moisés em paz e, para despertá-lo, lança mão do milagre da sarça ardente. Assim, Moisés é informado de que aquele que estava falando do meio da sarça é o Deus de seus antepassados. Deus coloca sobre Moisés a responsabilidade de libertar os israelitas do Egito.

A primeira reação de Moisés foi de preocupação. Deus está lhe pedindo que viabilize uma gigantesca transformação. Não obstante o fato de ter acabado de testemunhar um milagre, Moisés quer ter certeza de que realmente é Deus quem está lhe falando. Em seguida, testemunhamos outro milagre, este de natureza mais sutil. É o modo como Deus fala a Moisés. Os sábios do judaísmo dizem que Deus falou com a voz do pai de Moisés. Ao ouvir a voz de seu pai, Moisés se volta e crê. Ouvir a voz de Deus representada pela voz de seu pai é o que desperta Moisés.

Qual seria o sentido disso? É provável que Moisés tivesse ouvido a voz de seu pai nos dias em que era apenas um bebê. Lembre-se de que ele foi protegido pela mãe e por sua irmã, que o colocaram dentro de um cesto lançado nas águas do rio Nilo, pois o faraó havia mandado matar todos os bebês israelitas do sexo masculino no momento em que nascessem. Como, então, ele poderia reconhecer a voz de seu pai? Penso que os sábios estão afirmando que Moisés ouviu a voz de Deus no mais profundo recôndito do coração. A voz de Deus fez soar uma nota que havia sido implantada nele ao nascer. A voz de Deus transmitia um nível de intimidade que poderia ser igualado somente pela voz de seu pai ou sua mãe. Somente esse tipo de voz poderia causar tal mudança em Moisés.

Quando dizem que a voz de Deus tinha o timbre da voz do pai de Moisés, os sábios também estão nos dizendo que Moisés sentiu uma profunda necessidade de responder. O vínculo que ele tinha com seu povo era muito mais profundo do que ele imaginava. Moisés estava inclinado a viver uma vida simples na condição de pastor no meio dos midianitas. Não podemos criticá-lo por isso. Ele já havia passado por momentos bem difíceis. No entanto, sua família e seu povo tinham um chamado para ele. Deus fez com que Moisés se lembrasse desse chamado com a voz de seu pai.

Essa história me faz lembrar de um senhor de quarenta e poucos anos que um dia veio conversar comigo. Ele estava se saindo muito bem como funcionário público. Era casado e pai de dois filhos pequenos. Mas quase não tinha contato com seus pais. Eles se davam muito bem enquanto ele fazia faculdade e no início de sua vida profissional. Mas as coisas haviam mudado bastante, e o motivo era sua família e seu irmão. Ele sentia que os pais não respeitavam sua esposa. Sentia também que eles não davam liberdade para que seu irmão, que tinha sérias necessidades especiais e não podia morar sozinho, pudesse se desenvolver. Ele achava que os pais estavam mais preocupados em dar algo para o irmão fazer do que em ajudá-lo a crescer como indivíduo. Ele me contou que, na presença de seus filhos, os pais se referiam a ele e à esposa de forma negativa, e isso só aumentava o conflito. A única maneira de lidar com esse problema, segundo ele, era se afastando dos pais e de seu irmão. Somente assim ele achava que poderia proteger esposa e filhos.

Ele me procurou, pois estava com dificuldade de lidar com a situação. Reconheci que os desafios que ele tinha pela frente não eram fáceis. Ele estava em conflito com seus valores. Tinha um bom motivo para pôr de lado o relacionamento com os pais e o irmão e se concentrar em uma vida relevante com esposa e filhos. Em certo sentido, ele estava rompendo com o passado para proteger seu futuro. Mas o fato de estar me procurando era um claro indicador de que a perspectiva dessa ruptura não estava lhe fazendo bem. Ele se via em uma encruzilhada. Então o orientei a ouvir o que seu coração lhe dizia.

Cerca de um mês depois, encontramo-nos de novo, e ele me disse que estava em contato com os pais e o irmão. O clima ainda era tenso, mas ele estava bem mais seguro da responsabilidade que tinha com a pessoa que ele era e com a pessoa que ele estava se tornando. Então lhe perguntei o que ele tinha ouvido quando sugeri que escutasse o que o coração estava lhe dizendo. Ele me respondeu que ouviu a voz do pai, que lhe transmitiu amor e o fez se sentir reconfortado.

Seu pai também tinha trabalhado como servidor público, e ele se identificava com o pai até nos momentos de conflito. Ao ouvir seu coração, escutou uma voz que estivera abafada. Ele me disse que aquela voz o havia ajudado a entender o que antes não estava claro. Ele precisava honrar os pais, cuidar da família e ter um relacionamento saudável com seu irmão. Ele podia não saber como trilhar esse caminho, mas a voz do pai o levou a perceber que era o caminho a seguir. Moisés não sabia exatamente o que faria ao voltar ao Egito para ajudar a libertar o povo. Mas, depois de ouvir a voz de seu pai, ele sabia qual caminho deveria seguir.

EU SOU YHVH

"Então Moisés disse a Deus: Quando eu encontrar os israelitas e lhes disser: 'O Deus de vossos pais me enviou a vós', e eles me perguntarem: 'Qual é o nome dele?' Que lhes direi?

E Deus disse a Moisés: 'Ehyeh-Asher-Ehye'. E continuou: 'Isto é o que dirás aos israelitas: Ehyeh me enviou a vós'."

Êxodo 3:13,14

Assumir o compromisso de seguir por um caminho sem saber os passos que devem ser dados é algo que pode nos deixar confusos. Por acaso não é em Deus que procuramos respostas? Por que Deus não pode nos revelar todos os passos que daremos na vida, cada curva que devemos fazer? A resposta a esse mistério pode ser encontrada se analisarmos o nome de Deus revelado nesse versículo.

Em primeiro lugar, precisamos reconhecer que todas as traduções da Torá, em maior ou menor grau, são interpretações. Os antigos hebreus não nos deixaram um dicionário com traduções do hebraico para outras línguas. Nossas traduções representam nossas melhores inferências — amparadas por mestres e estudiosos do passado — para captar o sentido que os autores pretendiam dar ao que escreviam. Por isso, muitos estudiosos da Bíblia aprendem hebraico. Somente assim temos condições de ouvir as palavras da Bíblia com todas as suas acepções e com toda a sua profundidade. Mesmo assim, é difícil traduzir certas palavras e frases. Esta é uma delas.

As palavras em hebraico que Deus dirige a Moisés são *ehyeh asher ehyeh*. A tradução mais comum é "eu sou o que sou". Alguns preferem "eu sou quem eu sou", mas não é bem isso que a gramática do hebraico quer dizer. A palavra *ehyeh* significa "eu serei". Ela está no tempo futuro. Portanto, uma tradução mais fiel seria "eu serei o que serei" ou "eu serei quem eu serei". Mas por que a maioria das traduções emprega o tempo presente, "eu sou"? A resposta está na influência que elas sofrem da tradução do hebraico para o grego, a Septuaginta. Diferente do pensamento judaico, o que transparece na Septuaginta é a filosofia grega.

A filosofia grega entendia Deus como um ser estático. Aristóteles faz uma famosa descrição de Deus como o "motor imóvel". Ora, os deuses gregos eram bem diferentes dos deuses das nações vizinhas de Israel, mas o deus da filosofia platônica encerrada no pensamento grego fez com que os tradutores vissem o Deus de Israel como uma entidade separada, que está acima de toda a humanidade. Deus é permanente, imutável, destituído de emoções. Em outras palavras, no pensamento grego há duas dimensões: a esfera divina (esfera da perfeição, segundo Platão) e a esfera humana. As duas são completamente separadas uma da outra.

Há segmentos do pensamento judaico que abraçam essa perspectiva grega. Mas a Torá tem uma filosofia diferente. O Deus da Torá é dinâmico. Deus não é um motor imóvel. Ele é um ser vivo e não estático. Deus fica irado, conforme vemos nas dez pragas enviadas sobre o faraó e os egípcios. E Deus muda seus planos, conforme vemos depois que Moisés intercedeu para que Ele não destruísse os israelitas por causa do pecado do bezerro de ouro. O Deus de Israel é um Deus que se relaciona. Ele vive e age especificamente através da história. Seu dinamismo é sinal de sua liberdade.

Para os filósofos gregos, Deus existe, mas não faz nada. Deus dá vida ao mundo e depois se afasta. O Deus da Torá fica com os israelitas na jornada através do deserto e vai à frente deles em bons e maus momentos. Trocando em miúdos, traduzir as palavras de Deus a Moisés como "eu sou o que eu sou" nos ensina que Deus é um Deus que é. Se as traduzirmos por "eu serei o que eu serei", estaremos afirmando que Deus é um Deus que se torna.

Por que essa distinção é importante? Como ela nos ajuda a entender o caminho que conduz os israelitas (e nós também) à salvação? Um Deus livre e dinâmico nos acompanha em nossa jornada e nos dá liberdade e capacidade criativa para agirmos. Nosso caminho não é predeterminado nem escrito em pedra. Segundo Jonathan Sacks, "Deus não é um objeto. Nós também não. Somos os únicos seres com capacidade de visualizar uma realidade futura que ainda não existe e de agir para concretizá-la. Deus, o Criador, por nos ter feito à sua imagem, nos deu a capacidade de criar".[2]

---

[2] Aaron W. Hughes, Hava Tirosh-Samuelson, eds., *Jonathan Sacks: Universalizing Particularity* (Netherlands: Brill, 2013), 116.

Isso significa que, se Deus fosse estático, nós também seríamos. Mas, à semelhança de Deus, temos livre-arbítrio. Essa convicção é indispensável a cada um de nós. Se não tivéssemos livre-arbítrio, seríamos como robôs e faríamos o que já estivesse programado dentro de nós. Não teríamos condições de optar por seguir os mandamentos. Os cristãos não teriam capacidade para crer na morte e na ressurreição de Jesus. Mas podemos optar e agir. Podemos optar e crer. Um Deus dinâmico é essencial à vida judeu-cristã como um todo.

Nosso próprio desenvolvimento como indivíduos também depende dessa liberdade. No entanto, isso não é algo que experimentamos automaticamente. A exemplo de Moisés, precisamos parar, olhar e ouvir. Precisamos ser humildes para admitir que o futuro nem sempre é claro. Mais adiante na Torá, Moisés é retratado como "homem muito humilde, mais humilde do que todos os homens sobre a face da terra" (Números 12:3). Sua humildade lhe permitiu escutar a voz de Deus.

Aliás, os sábios do judaísmo ensinam que muitos passaram pela sarça ardente. Deus os estava convidando a parar e olhar. Mas eles não perceberam. Somente Moisés parou e olhou. O que os sábios querem dizer com isso é que muitos passam pela vida sem ver os milagres que nos cercam. Somos como sonâmbulos que perambulam pela vida. Mas com Moisés não foi assim. Ele percebeu e prestou atenção. Isso possibilitou a mudança. Moisés ouviu a Deus, e Deus ouviu os israelitas que clamavam por liberdade. O convite de Deus está à espera de cada um de nós. Quando respondemos, Deus também responde. Quando ouvimos, Ele ouve.

TODOS COMO SE FOSSEM UM NO MONTE SINAI: A REVELAÇÃO

"Tendo partido de Refidim, entraram no deserto do Sinai e ali acamparam. Israel acampou em frente do monte, e Moisés subiu até Deus."

Êxodo 19:2,3

Moisés ouviu à beira da sarça ardente. Foi o seu momento inicial de revelação. O povo judeu como um todo tem sua primeira experiência com a revelação vários capítulos adiante, ao pé do monte Sinai, começando em Êxodo 19, quando chegam ao monte. A tradução do versículo 2 não capta um dos conceitos essenciais do hebraico. Quando os israelitas se posicionam junto ao monte Sinai, o texto hebraico passa do plural para o singular. Eles acamparam no deserto, mas Israel acampou em frente ao monte. O povo judeu não é mais uma porção de indivíduos. É um só povo com um só coração. Mas essa unidade não dura. Em toda a Torá, este é o único versículo em que a palavra usada em referência ao povo judeu aparece no singular. Todavia, esse momento encerra uma aspiração: a aspiração por integridade, plenitude, unidade de tudo o que está dentro e fora de nós.

Para os judeus, a revelação que Deus faz da Torá no monte Sinai tem uma importância teológica equivalente à importância que a ressurreição de Cristo tem para os cristãos. É o encontro entre o céu e a terra. Nos Evangelhos, a ponte é o Jesus ressurreto. Na Torá, a própria Torá é a ponte. É o momento em que Deus e a humanidade convergem.

Embora esse momento tenha sido breve, o que ele significa para o desenvolvimento do povo judeu? O que pode ensinar a cada um de nós? Ele subentende que, mesmo no meio de divisões e conflitos — dois componentes da vida política e social no mundo de hoje — recebemos um convite à unidade e compreensão. Isso é possível. Os sábios do judaísmo ampliam esse ensino com suas interpretações do versículo e do contexto em que ele aparece. Eles identificam as características e ações que conduzem à unidade e sobrevivência.

A primeira característica é o fascínio. As experiências fascinantes e maravilhosas nos aproximam uns dos outros. Em hebraico, a mesma palavra é traduzida por fascínio, temor e maravilha. É a palavra *yeirah*. Uma das maneiras pelas quais *yeirah* nos aproxima uns dos outros é a distorção de nossas sensações e sentimentos normais. Essas sensações normais sublinham nossa separação. Temos nossa percepção de sons e cheiros. Mas lemos que, no monte Sinai, os israelitas "ouviram o fogo" e "viram o trovão". É assim que a Torá diz que Deus inverteu o modo como vemos o mundo, eliminando o sentimento normal de separação dos outros. O povo que estava ao pé do monte sentiu tudo isso como se fosse uma só pessoa, um só coração.

Fascínio e maravilha ainda nos aproximam. Abraham Joshua Heschel diz que o fascínio mantém viva "a comunhão de todos os seres".[3] Ele faz com que nos lembremos da realidade de forças e elementos muito maiores que nós. O temor também desempenha seu papel. Os desastres da natureza, por exemplo, aproximam as pessoas, porque não sobreviveríamos se não tivéssemos uns aos outros. Todavia, mesmo sem as forças que ameaçam nossa vida, o fascínio e a maravilha nos

---

[3] Abraham Joshua Heschel, *Man Is Not Alone: A Philosophy of Religion* (New York: Farrar, Straus & Young, Inc., 1951), 39.

levam a nos abrir uns para os outros. Eles mudam a forma como enxergamos o mundo. Jennifer Aaker, professora da Universidade de Stanford, estudou o poder do fascínio e da maravilha. Autora de *The Dragonfly Effect* [O efeito da libélula], ela disse em uma entrevista:

> Quando ficamos maravilhados, sentimos uma emoção positiva de amplitude e grandeza que, consequentemente, tem a capacidade de alterar a visão que temos do mundo. Nossos estudos concentram-se nos efeitos que esse sentimento exerce sobre as pessoas, podendo mudar seu senso de tempo, ou seja, o modo como elas percebem e usam o tempo. Verificamos que, quando maravilhadas, as pessoas têm a sensação de que dispõem de mais tempo. Por consequência, ficam mais dispostas a doar de seu tempo para ajudar os outros e a passar mais tempo com os outros.[4]

O monte Sinai não aproximou somente Moisés e o povo que ele estava conduzindo. De acordo com os sábios do judaísmo, todos os judeus através da história passaram por essa breve experiência. Ou seja, o que eles estão dizendo é que até a percepção normal de tempo caiu por terra no momento da revelação no Sinai. Sob certo aspecto, os judeus nascidos três mil anos depois também estavam no monte Sinai naquela hora. Os que os sábios estão tentando nos ensinar? Por um lado, estão dizendo que Deus transcende tempo e

---

[4] Entrevista de Jennifer Aaker, docente da Universidade de Stanford, "How to Increase Happiness and Meaning in Life." Acesso: 29/5/2021. https://www.bakadesuyo.com/2013/02/happiness-aaker-meaning-interview/.

espaço. Se Ele quiser, é capaz de falar às pessoas sem a barreira do tempo. Por outro lado, também estão dizendo que as experiências verdadeiramente marcantes trazem mudanças permanentes à nossa vida. Elas duram não só um momento, mas a vida inteira, pois moldam nossa maneira de viver e o legado que deixamos. No caso do povo judeu, a experiência de receber a Torá no monte Sinai trouxe uma mudança permanente para sua vida e para a vida de seus descendentes. É um fenômeno comparável à Revolução Americana e à redação da constituição. Foi algo que mudou a vida dos que a lideraram e assinaram. E mudou a vida também daqueles que viveriam duzentos e cinquenta anos depois.

O terceiro efeito desse momento de revelação foi a definição de um nível de igualdade no meio do povo judeu. Não foram somente os sacerdotes que passaram pela experiência da revelação de Deus. Foi o povo como um todo. Essa unidade marca a diferença em relação às experiências de outras culturas do antigo Oriente Próximo. Alianças religiosas geralmente estabelecem vínculos entre deuses e o rei de uma nação. Os súditos estavam subordinados ao rei. Na Torá, Deus faz uma aliança com a totalidade do povo judeu. Moisés é o intermediário, não o rei. A Torá nos lembra dessa mensagem, quando Deus diz que todos os israelitas são seus sacerdotes. "Toda a terra é minha", diz o Senhor, "mas sereis para mim reino de sacerdotes e nação santa" (Êxodo 19:5b,6).

À primeira vista, esse ensino nos parece paradoxal. O povo judeu tem uma classe sacerdotal conhecida como levitas. Eles têm responsabilidades e limitações únicas. Por que Deus haveria de se referir a cada israelita como sacerdote? A resposta é que a Torá está à disposição de todos. Estudar e observar a Torá são atos que elevam cada um dos israelitas e os aproxima de Deus. O senso de igualdade no judaísmo é profundo. Em uma das viagens que fiz a Israel, um guia turístico atribuiu esse senso à natureza da terra.

A terra de Israel tem pouquíssimos recursos naturais. Agricultura e pecuária são os únicos meios de sobrevivência. Todos dependiam da chuva, e a chuva não faz discriminação entre pobres e ricos, entre os que são da elite e os que são do povo comum. Nas sociedades em que há recursos naturais — como os países do moderno Oriente Médio onde há petróleo — os recursos costumam estar sob o controle de uma pequena elite que tem mais poder que os demais. Esse tipo de sociedade jamais se desenvolveria no antigo Israel. O recurso natural mais importante — a água — não podia ser plenamente controlado. Os agricultores dependiam uns dos outros para sobreviver.

Essa explicação faz sentido de uma perspectiva pragmática, mas a Torá afirma que essa igualdade também tem um elemento espiritual. Ela está ao alcance de todos. Sua visão suprema é que dignidade e santidade não são privilégios que vêm do berço. Essa verdade fica evidente em uma bela história contada pelos rabinos. De modo sutil, ela incorpora a importância da terra na consolidação dos valores do judaísmo, a exemplo do que disse meu guia turístico. Embora um pouco mística e baseada em milagres sobrenaturais, o que é raro nos ensinamentos rabínicos, ela se destaca por seus valores e sua visão:

> Certa vez, Rav (famoso rabino do segundo século) chegou a um lugar onde ele já havia orado e decretado um jejum para que chovesse. Mas a chuva não veio. Entretanto,

alguém se colocou diante de Rav e orou: "Tu és o Deus que faz o vento soprar" — e o ventou soprou!

E ele continuou: "Tu és o Deus que faz a chuva cair" — e a chuva caiu.

Então Rav perguntou ao homem: "Qual é sua ocupação?", isto é, que virtude especial você tem que faz Deus responder às suas orações?

O homem respondeu: "Eu ensino crianças. Ensino a Torá aos filhos de pobres e ricos. Não cobro nada daqueles que não têm condições de pagar. Além disso, tenho um lago onde crio peixes; eu ofereço peixes aos garotos que se recusam a estudar, para que venham e estudem".

Essa história, apesar de simples, retrata a realidade da terra. Dependemos da chuva para viver. Nem mesmo as orações do maior rabino da época conseguiram atrair chuva. Mas houve um homem cujas orações foram atendidas por Deus. Era um modesto mestre da Torá, alguém que ensinava as crianças, tanto as pobres quanto as ricas. O mundo da Torá se abre para todo aquele que nela procura sabedoria.

O TABERNÁCULO

No entanto, criar uma cultura de dignidade universal não é tão simples quanto parece. Essa não é a tendência natural do ser humano. Temos a tendência de nos dividir em tribos. Biólogos evolucionistas provaram essa verdade em dezenas de estudos. Foi por meio das tribos que procuramos sobreviver e nos proteger através da história. De modo geral, as tribos eram conduzidas por um "líder forte" que mantinha a ordem e a disciplina no grupo. Jonah Goldberg refere-se ao "anseio tribal por líderes fortes".[5] Eles geralmente aumentam a concentração de poder com o passar do tempo. A história está repleta de exemplos de tribos que se tornaram nações com uma pequena elite formada por "líderes fortes" e seus aliados. Goldberg afirma que a natureza humana — tanto o anseio por um líder quanto as tendências corruptas dos que detêm o poder — nos leva por esse caminho.

A Torá propõe mudar essa realidade. Ela é o instrumento de Deus para que superemos as tendências naturais e escapemos do domínio que elas exercem sobre nós. Sempre que dirijo nosso grupo de estudo da Torá, lembro aos alunos que ela não proíbe nenhum ato que os seres humanos não pratiquem. Ou seja, a Torá não diria "não furtarás", se as pessoas não furtassem. Ela não condenaria o adultério, se as pessoas não cometessem adultério. Os sábios do judaísmo ensinam que a Torá "não se destinava a anjos". Deus reconhece a fragilidade humana, mas procura nos reerguer por intermédio da Torá.

Um importante meio usado por Deus com esse fim na Torá é a construção do Tabernáculo, a tenda do encontro que os israelitas podiam transportar pelo deserto do Sinai. Esse projeto exigiu a participação de todos os israelitas. Juntos, eles construíram o Tabernáculo. O trabalho em equipe os aproximou uns dos outros. Mas não foi uma tarefa fácil. A superação dos instintos tribais de ruptura exigiu esforço e tempo. Para ter uma melhor ideia de proporção, pense

---

[5] Jonah Goldberg, *Suicide of the West: How the Rebirth of Tribalism, Nationalism, and Socialism Is Destroying American Democracy* (Estados Unidos: Crown Publishing Group, 2020), 298.

na seguinte analogia: na Torá, Deus cria o mundo em três capítulos com cerca de 47 versículos. Os israelitas precisam de mais de uma dezena de capítulos e mil versículos para fazer uma arca que podia ser transportada. Como se explica essa diferença?

A construção do Tabernáculo incluía outros aspectos além da edificação propriamente dita. Entre eles estava a formação de um povo a partir de um grupo de ex-escravos recalcitrantes. Pouco antes do início da construção, os israelitas haviam fabricado um bezerro de ouro para ser adorado. Esse foi o pior momento da jornada desde o Egito até a Terra Prometida. Ele pôs em evidência o fato de que os israelitas não estavam prontos para Deus. Ainda ansiavam pelos confortos da escravidão e idolatria no Egito. Já haviam se queixado a Moisés inúmeras vezes por causa das incertezas da nova vida. No Egito, eles pelo menos acreditavam que fariam a próxima refeição. Estavam inseguros diante da nova vida com um Deus invisível, cuja única mensagem eram as palavras transmitidas por intermédio de Moisés. O bezerro de ouro representava o retorno ao que lhes era conhecido.

Deus percebeu que a única maneira pela qual eles poderiam abraçar uma nova identidade e um novo senso de propósito seria a execução compartilhada de um projeto. Deus não iria simplesmente lhes dar alguma coisa. Com sua orientação, eles teriam de construí-la. Isso explica a construção do Tabernáculo. Ela se baseou em dois princípios: espontaneidade e diversidade. A Torá inicia a narrativa do projeto dizendo que todos deram "segundo lhes dispunha o coração". O resultado desse chamado à entrega voluntária de ofertas foi a diversidade de bens ofertados. Cada israelita ofereceu um objeto diferente ou participou com talentos que lhe eram únicos. Um fez a cortina para a arca. Outro ofereceu ouro. Outro cortou a madeira para o altar. O Tabernáculo foi construído por meio desse ato de criação — um trabalho de equipe que dependia dos talentos únicos e da cooperação de cada israelita. E foi por meio desse trabalho em equipe que os israelitas se transformaram em uma nação. Nas palavras do rabino Jonathan Sacks,

> Moisés se via diante de um problema para resolver: como pegar um grupo de pessoas — neste caso, um grupo de ex-escravos — e transformá-lo em uma nação com uma identidade coletiva? Sua resposta foi de uma simplicidade espantosa. Basta fazer com que, juntas, criem alguma coisa de livre e espontânea vontade. [...] O melhor modo de fazer as pessoas se sentirem "parte de alguma coisa" é colocá-las para trabalhar juntas em um projeto, de modo que venham a dizer: "Eu ajudei a construir isto".[6]

A experiência me ensinou que esse princípio não se aplica somente aos tempos antigos. Hoje ainda somos guiados pelo mesmo sentimento. Nossa sinagoga participou de um projeto para ajudar na reconstrução de casas que haviam sido destruídas pelo furacão Katrina em Nova Orleans, e essa iniciativa nos aproximou como membros da congregação. Quando construímos as instalações para a nova sinagoga, fizemos amizades e criamos laços uns com os outros e com a congregação. Quando fazemos alguma coisa juntos, estabelecemos vínculos uns com os outros e nos valorizamos.

---

[6] Rabbi Jonathan Sacks, *The Home We Build Together: Recreating Society* (Bloomsbury Continuum, 2009), 138.

CONCLUSÃO

Dentre os livros da Torá, é possível que Êxodo seja o mais emocionante e memorável. A partir de um clã de setenta pessoas, os israelitas se transformaram em uma nação que se libertou por meio de pragas e milagres impressionantes e pela revelação da Torá no monte Sinai.

Um dos propósitos centrais desses acontecimentos era transformar os israelitas em um povo escolhido por Deus para viver uma vida de devoção na Terra Prometida. Dentro dessa Terra Prometida haverá uma casa para Deus sobre a terra. Quando chegamos ao fim de Êxodo, os israelitas ainda estão longe desse lugar. De acordo com a cronologia bíblica, a revelação no monte Sinai aconteceu sete semanas depois do êxodo do Egito. Portanto, os israelitas tinham pela frente quase quarenta anos de peregrinação. Mas o livro de Êxodo termina com uma nota sublime de unidade.

Primeiro, Moisés abençoa o povo. De acordo com os rabinos, Moisés abençoou o povo com as seguintes palavras: "Que a vontade (de Deus) seja sua Santa Presença (*Shechinah*) sobre a obra de tuas mãos e que o beneplácito do Senhor nosso Deus esteja sobre ti". A linguagem empregada para descrever a bênção de Moisés ao povo reflete a linguagem usada na bênção que Deus pronuncia sobre a criação no primeiro capítulo de Gênesis. O Tabernáculo é uma versão miniaturizada da criação de Deus, uma casa para Deus na terra.

Segundo, Êxodo termina com uma experiência da presença de Deus. O livro começa com a sensação de ausência de Deus. Os israelitas estão escravizados. O destino deles parece selado. A escravidão dura séculos. Mas, então, Deus olha para eles. E lhes traz à lembrança a aliança feita com

Abraão. Assim, no final do livro, a presença de Deus preenche o acampamento israelita. Deus se manifesta na forma de uma nuvem de dia e de fogo à noite. Neste ponto, a Torá se volta para o livro de Levítico, dedicado à consolidação da presença de Deus no meio do povo por intermédio do trabalho dos sacerdotes.

CAPÍTULO QUATRO

LEVÍTICO

NÃO FAZ MUITO TEMPO, li a história de um ministro que havia começado uma igreja em Michigan. A igreja havia prosperado bastante, e na história havia muitos elogios. Mas um detalhe me chamou a atenção. A primeira série de sermões do pastor foi inteiramente baseada no livro de Levítico! Segundo ele, muita gente lê a Bíblia até deparar com a "muralha de Levítico". A leitura da Bíblia é interrompida, porque Levítico levanta muitas questões incômodas e pode parecer primitivo e bárbaro. Confesso que já tive a mesma sensação. Todavia, quanto mais estudo o livro de Levítico, mais sabedoria ele me revela. É como aquelas bonecas russas, as matriocas. À medida que sigo em frente no estudo, vão surgindo novas camadas. Desvendaremos essas camadas de sabedoria, concentrando-nos principalmente na maneira como Levítico nos ensina o poder que os rituais têm para trazer a presença de Deus à nossa vida e como eles ajudaram o povo de Israel a sair da condição de ex-escravos e se transformar em servos de Deus que haviam sido libertos.

Mas antes de examinar alguns versículos específicos, precisamos observar que existem três verdades que nos conduzem através do livro. Primeira, Levítico concentra-se nos sacerdotes e no serviço que eles prestavam no Tabernáculo. O Tabernáculo era a tenda do encontro que os israelitas construíram para ser transportada através do deserto e constitui a base do Templo depois construído em Jerusalém. Portanto, os detalhes que se aplicam ao Tabernáculo aplicam-se também ao Templo.

Os principais guardiões e profissionais no Tabernáculo e no Templo eram os sacerdotes. Eles eram descendentes da tribo de Levi, terceiro filho de Jacó. Um dos nomes que os sábios do judaísmo dão a Levítico é *Torat Kohanim*, que significa Torá dos Sacerdotes. É possível que, em alguma época, o livro tenha existido em separado, sob a forma de um manual para sacerdotes. Esse foco nos sacerdotes revela uma visão teológica do papel por eles desempenhado. Os sacerdotes não existem como figuras isoladas. Eles são a linha de frente espiritual e conduzem o povo na direção da santidade. Não são essencialmente mais santos que os outros israelitas. Mas, por meio de seu comportamento, devem conduzir todo o povo à santidade. Assim, quando examinamos as lições dos rituais sacerdotais, encontramos orientações para todo o povo. O modo como se comportam constitui exemplo para todos.

A segunda verdade é que o livro de Levítico tem duas grandes divisões. A primeira vai do capítulo 1 ao 16, que se concentra nos sacrifícios e na função dos sacerdotes. Ela retrata a vida teologicamente correta em relação a Deus. Os capítulos 17 a 27 tratam da incorporação dessa teologia à vida do cotidiano. Essa divisão é conhecida como Código de

Santidade. Nele encontramos um modelo dos rituais que nos levam a uma vida plena.

Terceira, no meio dos detalhes sanguinários dos sacrifícios e de secreções corporais retratados em Levítico, devemos pensar no tema do livro como um todo: a presença de Deus na terra. Os rituais sacerdotais e do Templo estão cheios de detalhes, porque eles têm como objetivo gerar ordem a partir do caos. Em Gênesis 1, Deus criou o mundo a partir do *tohu* e do *bohu* — o nada e o caos — e os israelitas, da mesma forma, devem criar ordem em um mundo caótico por meio dos rituais sacerdotais. O Tabernáculo, e depois o Templo, é um mapa que leva ao céu. Se trilharmos o caminho de Deus, chegaremos à comunhão com Ele. Depois de quatrocentos anos de escravidão, os israelitas precisavam desse mapa. O livro de Levítico estabelece um novo caminho de santidade para a vida, de modo que o povo pudesse viver à altura da responsabilidade que lhe foi dada de se tornar um "reino de sacerdotes e uma nação santa" (Êxodo 19:6).

A OFERTA PELO PECADO

Em parte, o Tabernáculo e o Templo serviam para preservar a *shalom*, paz, e a *seder* (a ordem no meio do povo judeu e entre o povo e Deus). A maneira mais simples de preservar a paz e a ordem é pelo comportamento espelhado na perfeição. É evitar o pecado. Mas o ser humano não tem condições de ser perfeito. Nós pecamos. Erramos. Em hebraico, a palavra traduzida por *pecado* é *chet*, que significa "errar o alvo". Erramos porque somos humanos e pecadores.

Por isso, Deus prescreve um sistema pelo qual podemos fazer reparações por nossos pecados. Deus provê o meio para restauração da ordem. É isso que encontramos nos primeiros capítulos do livro. Esse tipo de sacrifício é conhecido como oferta pelo pecado. Ela faz reparação pelos pecados que cometemos involuntariamente.

Por que precisamos desse ritual? Quando cometemos um erro, será que não bastaria pedir desculpas? Se fôssemos anjos, talvez um simples pedido de desculpas pudesse bastar. Mas os rituais conferem ao ser humano um tipo de materialidade que o ajuda e lhe traz cura.

Pense em um pedido de desculpas. É provável que já tenhamos recebido pedidos de desculpas que não eram sinceros. Alguém se desculpou conosco por ter sido orientado a agir assim. Imagine como seria diferente se a pessoa fizesse alguma coisa como reparação. Por exemplo, uma pessoa que falou mal de nós para o chefe no trabalho entraria em nossa sala, acompanhada do chefe, pediria desculpas e depois ainda nos ajudaria em alguma outra tarefa. Parte da força dos rituais está no fato de que eles não são meras expressões de ideias. Eles colocam as ideias em ação, e atos falam mais alto que palavras.

Os rituais também envolvem uma dimensão pública. Para os antigos israelitas, o pecado nem sempre era uma questão particular entre a pessoa e Deus. O pecado afetava toda a comunidade. Na Bíblia, vemos diversos exemplos disso, como no caso em que Deus pune o exército de Josué porque um homem havia roubado do espólio do inimigo (Josué 7). Portanto, a reparação por um pecado era uma expectativa pública, e o cumprimento de um ritual ajudava a sinalizar esse processo para a comunidade.

As minúcias de um ritual também são importantes, porque servem como contraponto para a realidade do pecado.

O cuidado que tomamos em nossos rituais nos leva a tomar mais cuidado com nossa vida. Jesus reflete esse argumento na parábola dos talentos, na qual retrata um patrão rico que disse a dois servos fiéis: "Foste fiel no pouco, sobre muito te colocarei" (Mateus 25:21,23). Em Levítico, o cuidado com o qual oferecemos um sacrifício é um modelo do cuidado com o qual devemos viver. Nas palavras do professor Arnold Eisen,

> a disciplina dos rituais serve para nos instruir na busca da virtude e, portanto, aumentar as chances de que a virtude seja obtida, de que nós a obtenhamos. [...] O que mais importa é o modelo de perfeição que os rituais apresentam e que devemos buscar por toda a nossa vida, um ideal que ela [a Torá] chama de santidade.[1]

No entanto, os rituais não visam apenas à virtude. Eles visam à virtude obtida nas coisas virtuosas. Os rituais moldam as coisas às quais prestamos atenção. Observe o ponto central do versículo: ele diz respeito aos pecados cometidos de forma involuntária. Nossa tendência pode ser considerá-los algo trivial. Eu não sabia qual era a velocidade permitida. Eu não sabia que essa quantia que recebi era tributável. Mas, conforme aprendemos quando estudamos para tirar nossa carteira de motorista, a falta de conhecimento da lei não é desculpa. Até os equívocos cometidos de forma não intencional são importantes. Os rituais nos lembram dessa realidade.

---

[1] Arnold Eisen, *Taking Hold of the Torah: Jewish Commitment and Community in America* (Bloomington: Indiana University Press, 2000), 74–75.

Uma verdade profundamente animadora é saber que temos um meio claro e concreto de reparar nossos erros. Imagine se um amigo, marido ou esposa guardassem mágoa por causa de cada palavra ríspida que lhes dirigíssemos ou a cada vez que cometêssemos um erro. Viveríamos perpetuamente frustrados e tristes. Os rituais nos viabilizam um modo de passar por esta vida com bondade e tendo uma perspectiva correta da realidade. Eles nos oferecem meios de reconciliação, meios de reverenciar os momentos sagrados, meios de celebrar processos naturais como o envelhecimento. À semelhança da oferta pelo pecado, encontramos meios de reparar os equívocos que cometemos nesta vida.

Sempre que dou algum estudo sobre Levítico em igrejas ou sinagogas, costumo ouvir perguntas sobre o porquê da presença no texto de tantos detalhes e minúcias aparentemente sem importância. Se a Torá é a palavra eterna e atemporal de Deus, por que às vezes ela se parece com aqueles manuais de montagem de móveis supercomplicados?

Uma explicação para isso é que o texto foi escrito na linguagem do hebraico dos tempos bíblicos. Não sabemos como as palavras eram entendidas pelas pessoas daquela época. Elas podem nos parecer detalhes insignificantes, mas podem ter tido grande importância para os primeiros ouvintes e leitores.

Mas há ideias mais profundas que advêm dessa atenção às minúcias. A primeira diz respeito à importância da estética para a Torá e para os antigos costumes dos judeus. Deus queria que o ser humano criasse espaços sagrados com toda precisão. Lembre-se de alguns grandes artistas e escritores. Eles conferem muita importância aos detalhes. Cada detalhe ajuda a gerar o sentimento pretendido com a obra. Deus considerava o Templo o lugar mais sagrado sobre a face da terra. Todos os detalhes eram importantes.

Há também uma razão mais sutil que explica a inclusão de tantos detalhes na Torá. Ela nos remete de volta à construção do Tabernáculo, que examinamos no capítulo 3. Não se tratava da mera execução de um projeto de edificação. Era um processo que devia gerar unidade e senso de comunidade no meio de um povo fragmentado. O compartilhamento de tarefas e o cumprimento de alvos uniu os israelitas depois do nefasto episódio do bezerro de ouro.

No livro de Levítico, os sacerdotes são submetidos a um processo semelhante. À medida que a Torá vai idealizando as responsabilidades dos sacerdotes, ela dirige o foco para os rituais do cotidiano. Esses rituais diários facilitavam a unidade do sacerdócio, fazendo com que os sacerdotes e toda a comunidade judaica se achegassem a Deus. Eles ganhavam unidade aprendendo a respeitar cada detalhe importante à sustentação do Tabernáculo.

Se essa ideia lhe parece estranha, pense nas ações postas em prática pelo exército dos Estados Unidos. Quando um soldado é alistado, uma das primeiras coisas que ele aprende a fazer é arrumar sua cama. William H. McRaven, célebre marechal da marinha dos Estados Unidos, escreveu um best-seller cujo título era *Make Your Bed: Little Things That Can Change Your Life... And Maybe the World* [Arrume a sua cama: pequenas atitudes que podem mudar a sua vida — e talvez do mundo]. Que relação pode haver entre arrumar a cama e ser um bom marinheiro ou uma boa pessoa? Trata-se de um ritual diário. É algo que você e todo marinheiro fazem. É um ritual que consolida a cultura militar marcada por disciplina e método.

No livro de Levítico, Deus está ensinando os sacerdotes a gerar uma cultura de santidade. Por isso, o livro começa com detalhes aparentemente insignificantes sobre a forma correta de oferecer sacrifícios.

OS SACERDOTES

Conforme já observamos, Levítico serve como um manual para sacerdotes. Eles têm origem levita e precisam se submeter a um processo de santificação para servir no Templo, pois o simples nascimento na tribo não os habilitava para o trabalho. O capítulo 8 descreve o processo pelo qual eles se santificavam para o serviço sacerdotal.

O lugar em que se retratam os passos para a consagração do sacerdote revela parte da mensagem do livro. Esses passos estão no capítulo 8, depois dos sete primeiros capítulos. Onde encontramos o número sete antes disso? Os sete dias da criação. Toda a história da criação gira em torno do número sete. No texto hebraico de Gênesis 1:1—2:3, a palavra *tob* ("bom") é empregada sete vezes. A palavra "Deus" ocorre trinta e cinco vezes. Em sua totalidade, a passagem da história da criação contém 469 (7 x 67) palavras.

Vemos então que a ordenação dos sacerdotes acontece depois dos sete primeiros capítulos. Uma vez concluída uma nova criação, o Templo, a casa de Deus sobre a terra, passamos para as pessoas — os sacerdotes — que dão sustentação a essa nova criação. Como observamos no capítulo 3, o próprio Templo é um complemento da criação do mundo. É a casa de Deus na terra. É o oitavo dia, o primeiro dia da nova semana.

O capítulo como um todo espelha a ideia de uma nova criação. Moisés unge Arão e seus filhos sete vezes. Arão e os filhos precisam esperar sete dias fora do Tabernáculo para que sua ordenação ao sacerdócio esteja completa. Até a linguagem usada para retratar o processo de ordenação reflete a criação. Tudo acontece "conforme Deus havia ordenado".

Que mensagem está Deus enviando ao identificar o papel do sacerdote como administrador de uma nova criação? Deus está passando a visão de um mundo sagrado. Existe uma tensão entre o mundo como ele é e o mundo como deve ser. Os sacerdotes ficam na fronteira entre o céu e a terra. Eles ajudam os israelitas a fazer a travessia.

O principal meio para a travessia é o oferecimento de um sacrifício. A palavra hebraica traduzida por sacrifício, *korban*, expressa exatamente essa ideia. Ela significa sacrifício ou oferta, mas também significa "proximidade". A oferta de sacrifícios animais aproximava os israelitas de Deus. O principal dever do sacerdote era cumprir os rituais de sacrifício em nome do povo. Boa parte do livro de Levítico é dedicada à descrição dos tipos de sacrifícios e de como os sacerdotes deviam oferecê-los.

Aos nossos ouvidos, esse costume suscita muitas dúvidas. Por que sacrifícios? Será que Deus de fato precisava dos animais e dos produtos agrícolas? Antes de responder a essa pergunta, precisamos definir o que os sacrifícios não eram. Eles não eram subornos oferecidos a Deus. Ele não faria vista grossa aos nossos pecados se oferecêssemos os sacrifícios corretos. Os profetas hebreus deixam isso claro. Os sacrifícios eram uma forma concreta de buscar perdão e reconciliação, mas não cancelavam nem apagavam pecados. Por que, então, a Torá estabeleceu um sistema de sacrifícios? A resposta é que Deus sabe que nos dispomos a fazer sacrifícios por aquilo que amamos. Para demonstrar nosso amor, damos o que nos é mais valioso. Por exemplo, pais e filhos. Os pais sacrificam tempo, dinheiro e conforto emocional pelo bem dos filhos. Maridos e esposas se sacrificam um pelo outro. Cidadãos se sacrificam por seu país. Para os antigos israelitas, seus maiores bens eram os rebanhos e as colheitas. Apresentar a Deus uma oferta dessas coisas exemplificava o amor e a gratidão. Para os antigos israelitas, Deus era tão real quanto o ar que respiramos. Apresentar uma oferta a Deus era expressar gratidão àquele que era a fonte da vida, tanto deles quanto dos animais. Fé e sacrifício andam lado a lado. Relacionamentos e sacrifícios andam lado a lado. O *korban* aproximava Deus de Israel.

Segundo os sábios do judaísmo, os sacrifícios serviam a outro propósito central. Eles davam aos israelitas a consciência da realidade do terror, do caos e da morte. Como dissemos, o mundo que hoje existe não é o mundo como deveria ser. Segurar um animal que está à beira da morte — e sentir o cheiro, ouvir os sons e assistir à cena de um sacrifício — nos dá uma nova perspectiva. Abraçamos a vida com mais gratidão, pois ganhamos consciência da realidade da morte. Conforme as sábias palavras do professor Arnold Eisen,

> vez após vez, Levítico nos faz pensar na morte; não para nos dar um toque de morbidez ou para que a perspectiva do túmulo domine nossa vida, mas [...] para nos ajudar a incluir a morte em uma vida com ordem, prosperidade e sentido — e para incluir não somente nossa morte como indivíduos, mas também para que a ameaça interposta por todo o sofrimento sem sentido e pelo terrível caos deste

mundo seja incorporada à ordem sagrada que a Torá procura gerar.[2]

Trocando em miúdos, a apresentação dos sacrifícios ajudava os israelitas a encarar o que há de mais difícil na vida — a realidade do sofrimento e da morte. Quando oferecemos um sacrifício, encaramos a realidade, mas também ganhamos perspectiva de um mundo diferente — o mundo da habitação de Deus, um lugar de pureza e santidade.

Por enquanto, ainda não temos condições de viver plenamente nesse mundo. Na Torá, ninguém consegue transpor completamente o abismo entre céu e terra, nem mesmo Moisés. Os perigos representados pela tentativa abrupta de transpor esse abismo são revelados em Levítico 10, onde vemos Nadabe e Abiú, dois filhos de Arão, serem mortos diante do Santo dos Santos, o lugar mais sagrado do Templo.

NADABE E ABIÚ

> "Ora, Nadabe e Abiú, filhos de Arão, pegaram cada um seu incensário, o acenderam com fogo e nele colocaram incenso; e ofereceram fogo estranho perante o Senhor, algo que Ele não lhes havia ordenado. E saiu fogo do Senhor e os consumiu; assim morreram por ordem do Senhor."
>
> Levítico 10:1,2

A brevidade e a mensagem desses versículos são chocantes. Todas as vezes que dirijo um estudo sobre essa passagem,

---

[2] Arnold Eisen, *Taking Hold of the Torah*, 79.

os alunos suspiram e balançam a cabeça, sem saber o que Nadabe e Abiú poderiam ter feito para provocar uma morte tão rápida e dramática. A própria Torá não responde a essa pergunta. A única pista que nos é dada é que Nadabe e Abiú ofereceram "fogo estranho".

Os sábios do judaísmo também têm dificuldades com essa história. Eles apresentam diversas explicações com as quais procuram extrair uma lição do caso de Nadabe e Abiú, conforme veremos a seguir. Antes, porém, observe a reação de Arão e Moisés. Logo depois de Nadabe e Abiú terem sido consumidos pelo fogo, Moisés diz a Arão: "Por meio dos que estão próximos a mim eu me mostro santo e sou glorificado diante de todo o povo". Arão responde a Moisés com silêncio. Em uma perspectiva poética, a versão King James traduz o hebraico por "Arão ficou em paz".

As duas reações apontam para questões mais amplas, que envolvem os personagens e a teologia da passagem. Para todos os efeitos, Moisés está dizendo que, na condição de sacerdotes e filhos de Arão, Nadabe e Abiú estavam bem próximos de Deus e, portanto, deviam se comportar segundo os mais rigorosos padrões de santidade. E eles não fizeram isso. Por isso, Deus os puniu de forma absoluta e em público.

Moisés desempenha bem seu papel de líder sem papas na língua e, às vezes, um pouco distante. Já presenciamos esse seu comportamento no Egito e depois no deserto. Ele é intransigente e sistemático. Quando as pessoas desobedecem, elas arcam com as consequências.

A reação de Arão é mais ambígua. Ele pode ter ficado em estado de choque. Não diz uma palavra sequer. A tradução da King James é em si mesma uma interpretação, pois dá a entender que Arão estava tranquilo, em paz. É possível que isso seja verdade, mas também é possível que ele estivesse temendo por sua vida. Talvez ele não soubesse o que Nadabe e Abiú tinham feito de errado e estivesse com medo de ser igualmente eliminado. Ou talvez estivesse com raiva de Moisés, que afirmou que seus filhos mereciam morrer. No entanto, ele pode estar com medo de desafiar Moisés na frente do povo.

Em uma das vezes que eu estava falando sobre esse texto, um integrante do grupo de estudo argumentou que Arão não respeitou seus filhos ao se manter em silêncio. Ele devia falar alguma coisa, disse meu aluno. Não dizer nada é algo quase desumano. Ele devia ter dito algo, mesmo que, no final, tivesse de aceitar o julgamento de Deus. Jó protestou diante de Deus quando seus filhos morreram. Por que Arão não fez o mesmo?

A resposta pode estar naquilo que não sabemos sobre a personalidade de Arão. Ele era um pacificador por excelência. Os sábios do judaísmo o retratam como alguém que vê duas pessoas brigando e fala em separado com cada uma para dizer que a outra parte quer se reconciliar. Ele não gostava apenas de ser um pacificador, mas gostava de ser benquisto pelos outros. Ele não gostava de se indispor com os outros. Vemos esse traço de sua personalidade durante a fabricação do bezerro de ouro. Arão não interrompeu o trabalho. Imagine o que Moisés teria feito no lugar de Arão. Ele teria se levantado e sido implacável com as pessoas que estavam fabricando o bezerro, mesmo que tivesse de colocar a vida em risco. Mas Arão era diferente. Talvez ele simplesmente não quisesse dar vazão à sua raiva e enfrentar a Deus.

No entanto, às vezes, nossos pontos fracos são nossos pontos mais fortes. É possível que Arão conseguisse aceitar algumas circunstâncias que Moisés não aceitaria, mas ele aceitava o julgamento de Deus e até tentava a reconciliação, quando tal julgamento era difícil e trágico. Talvez fosse essa a qualidade que o tornava apto ao ofício de sumo sacerdote. A Torá prenuncia um clima mais tenso entre sacerdotes e profetas. Isso fica bastante claro nos livros de Reis e Samuel, mas sua origem está na diferença entre Moisés e Arão. Moisés é profeta. Ele ouve a palavra de Deus e a transmite ao povo. Ele não faz concessões. Quando vê alguma coisa errada, tenta consertá-la. Quando vê a desobediência, ele aplica o castigo apropriado. O profeta geralmente enxerga o mundo em preto e branco. O que é certo é certo, o que é errado é errado. Não há meio-termo.

Arão é sacerdote. O sacerdote faz mediação entre a palavra de Deus e os atos do povo. Ele não pode se dar ao luxo de simplesmente proclamar a palavra de Deus, mas deve orientar o povo, para que este reaja da forma devida. Ou seja, o sacerdote tem a tendência de ser mais pragmático e menos radical que o profeta. Ele procura preservar a situação em vez de transformá-la radicalmente. O sacerdote era um pacificador, não um demagogo.

A Torá deixa claro que precisamos desses dois tipos de líder. Moisés e Arão prosperavam como dupla. Aliás, os sábios do judaísmo defendem essa ideia ao interpretar a dificuldade que Moisés tinha como orador. Lemos em Êxodo 4 que ele não conseguia falar de maneira adequada. Os estudiosos da língua hebraica não têm certeza do significado do texto. Ele diz apenas que Moisés era "pesado de língua". Talvez ele tivesse alguma dificuldade para articular as palavras ou fosse gago. Por isso, Arão era o porta-voz de Moisés. Ao se dirigir ao faraó, Moisés dizia a Arão o que ele devia falar.

Além da realidade do fato em si, os sábios do judaísmo veem também outro significado na facilidade de Arão e na dificuldade de Moisés. Arão era capaz de se relacionar facilmente com o povo, ao passo que Moisés era mais reservado e distante. O povo se dava bem com Arão, mas não tanto com Moisés.

Assim, ao fazer de Arão o sumo sacerdote, Deus está sublinhando a importância do papel dos sacerdotes como intermediários entre Ele e o povo. O sacerdote precisa estar perto de ambos e se relacionar tanto com Deus quanto com as pessoas. O perfil desse indivíduo é o perfil de Arão, que personifica concessão, aceitação e a busca da paz.

Mesmo que compreendamos a reação de Arão, assim mesmo ficamos pasmos diante do acontecimento em si. O que Nadabe e Abiú fizeram? E por que Deus os puniu de imediato e de forma tão radical? A Torá não nos dá uma resposta direta, mas os sábios do judaísmo levantam diversas possibilidades. A resposta mais simples é que Nadabe e Abiú apresentaram um sacrifício não permitido. Eles sacrificaram um animal proibido ou praticaram algum ato condenado por Deus. A razão por que Deus os puniu de forma tão radical é dupla. Em primeiro lugar, eles eram filhos de Arão e, portanto, estavam sujeitos aos mais rigorosos padrões de santidade. Dependendo do que as pessoas fazem, costumamos julgá-las de formas distintas. Por exemplo, um sacerdote ou rabino que se envolve em adultério não é visto da mesma maneira que um contador que cai em adultério. E não olhamos do mesmo jeito para o sacerdote ou rabino que sonega impostos e o contador que pratica o mesmo ato. Sim, nos dois casos as ações praticadas estão erradas e, sim, sacerdotes e contadores são igualmente humanos e cometem erros. Mas eles escolheram caminhos diferentes para seguir na vida, e cada caminho tem seus privilégios e suas consequências. Qualquer transgressão cometida pelos filhos de Arão era passível do mais alto grau de punição.

Quando olhamos para esse episódio dentro do contexto mais amplo do surgimento e da importância do sacerdócio e do Templo, encontramos uma explicação mais sutil. Os israelitas estavam em uma grande transição, saindo de uma situação em que eram escravos e passando para uma condição de liberdade e de serviço a ser oferecido ao Deus único e invisível. O papel do sacerdócio é essencial para essa transição. Os sacerdotes são a linha de frente espiritual e, para o povo, são modelos do que é possível em uma vida pautada pela Torá. Quando deixam de cumprir essa tarefa, eles prejudicam não só a si mesmos, mas também aos outros. Prejudicam o povo como um todo. O papel que eles desempenham é profundamente sério. Um simples equívoco tem efeitos que se multiplicam. Esse é o preço a ser pago quando se é escolhido. Por isso, não importa o que os filhos de Arão tenham feito, Deus precisava conter os danos antes que isso afetasse o povo inteiro.

Essa interpretação exige que entendamos a natureza do Templo e do Tabernáculo. Como morada de Deus sobre a terra, ele encerrava uma santidade e uma delicadeza que lhe eram inerentes. Tudo o que acontecia no Templo precisava acontecer por meio de rituais detalhados. Cometer um equívoco era como encostar em uma cerca elétrica. O choque era imediato, algo que não podia ser controlado. Arão ou os outros sacerdotes não podiam simplesmente dizer a Deus que Nadabe e Abiú haviam se equivocado. A punição foi imediata. Aliás, ao oferecer um sacrifício proibido, eles encostaram em uma cerca elétrica de altíssima voltagem.

Podemos também olhar para esse episódio como símbolo da dificuldade própria de toda transição mais complexa. Veja o que acontece nos países que saem de uma ditadura e abraçam a democracia. Essas transições costumam não dar muito certo, mas, mesmo quando tudo sai bem, o processo causa danos. Dentre esses danos podemos citar guerras, terrorismo e violência frequente. O Egito, por exemplo, passou pelas dez pragas, ao fazer a transição de um país com escravos israelitas para um país sem eles. À medida que os israelitas passam para a condição de povo livre, eles não escapam da dura realidade que acompanha as transformações mais importantes. A morte de Nadabe e Abiú são um retrato da dor dessa transformação. Passar para a condição de povo livre na Terra Prometida não será fácil para os israelitas. Até os mais chegados a Deus sentirão a dor dessa mudança.

A última interpretação desse episódio olha para ele da perspectiva do próprio ofício sacerdotal. Levar uma oferta ao Santo dos Santos era tarefa exclusiva do sumo sacerdote. Somente Arão — ou ele acompanhado dos filhos — poderia oferecer sacrifícios ali. Mas Nadabe e Abiú não queriam ser atores coadjuvantes. Eles mesmos queriam apresentar o sacrifício. O orgulho impediu que aceitassem o papel que lhes era reservado, e eles decidiram oferecer seus próprios sacrifícios. Mas Deus havia estabelecido uma ordem e um sistema de sacrifícios com suas particularidades; ao desrespeitar essa ordem, Nadabe e Abiú desonraram o lugar e a forma de culto sagrados para Deus. A punição que lhes foi aplicada foi um aviso aos israelitas para que não desrespeitassem a ordem sagrada que Deus havia estabelecido para o povo. Esse tema se repete ao longo de todo o livro de Levítico.

O YOM KIPPUR

"Arão pegará os dois bodes e os apresentará ao Senhor na entrada da Tenda do Encontro; e lançará sortes sobre os dois bodes, um marcado para o Senhor e o outro marcado para Azazel."

Levítico 16:7,8

O ponto central da ordem sagrada dos israelitas é o santuário interior do Templo de Jerusalém. Conhecido como Santo dos Santos, era o lugar aonde o sacerdote se dirigia no Dia da Expiação, o dia mais sagrado do ano. O livro de Levítico dedica um capítulo inteiro a ele e retrata um ritual memorável (Levítico 16). Embora essa data não seja observada com regularidade em nossos dias, ela moldou nosso entendimento de perdão e expiação. É a própria definição do Yom Kippur. Para compreendermos a importância do ritual, examinaremos várias interpretações e o que ele significa hoje para nós.

O que acontecia? O texto nos informa que eram oferecidos dois bodes a Deus. Um era apresentado segundo o ritual de costume em um sacrifício supervisionado pelo sumo sacerdote. Mas o outro bode era solto no deserto para Azazel (Levítico 16:21,22). O texto não diz o que acontecia ao bode no deserto. Os sábios do judaísmo apresentam várias explicações do que acontecia ali e por quê. A interpretação que eles fazem se baseia principalmente no significado da palavra Azazel.

Os estudiosos do hebraico não sabem o que Azazel significa. Alguns afirmam que é um anjo caído. Essa é a explicação baseada no livro apocalíptico de 1Enoque, partes do qual podem ter sido redigidas no terceiro século A.E.C. [Antes da

Era Comum] O bode enviado para Azazel, no entanto, não é uma oferta a algum anjo caído, mas um lembrete aos israelitas acerca das consequências da desobediência. À semelhança de Azazel, o bode sofria no deserto rochoso e cheio de perigos.

Entre as interpretações mais comuns, encontra-se esta, que enxerga Azazel não como referência a um ente em separado, mas como o destino do próprio bode. *Azazel diz respeito ao terreno pedregoso do deserto, onde Deus também habita.* A palavra *azaz* significa "áspero", e *el* é outro nome de Deus. Azazel pode também se referir a um penhasco rochoso na direção do qual o bode andaria e de onde cairia.

A ideia de um penhasco ao qual o bode se dirigia, e de onde caía e morria, aparece nos textos de diversos sábios do judaísmo. A explicação mais abrangente e influente foi apresentada por Maimônides, o grande rabino da Idade Média. Ele se baseia em antigos sábios do judaísmo e afirma que o bode era um bode expiatório. A palavra *azel* pode significar "ir embora".

Segundo Maimônides, o sumo sacerdote transferia simbolicamente os pecados do povo para o bode expiatório. Conforme veremos a seguir, o bode era levado ao deserto, onde acabaria morrendo. A morte do bode era um símbolo da expiação em favor do povo. Com a eliminação dos seus pecados, o povo se reaproximava de Deus. Inspirado na Mishná — livro da lei judaica do primeiro século — Maimônides retrata o processo pelo qual se daria a expiação. Primeiro, o sumo sacerdote e seus filhos pronunciavam uma bênção sobre os dois bodes. Eles tinham o mesmo peso e tamanho. Um bode, como já dissemos, era sacrificado a Deus pelos meios tradicionais, e o outro era enviado ao deserto. Cada animal era escolhido de acordo com as sortes lançadas sobre eles.

A bênção pronunciada pelo sumo sacerdote servia como confissão e pedido de perdão em favor dos sacerdotes, de suas famílias e do povo como um todo. O sumo sacerdote pegava um fio vermelho e o enrolava nos chifres do bode que seria enviado ao deserto. Um pedaço do fio seria amarrado à rocha perto de onde o bode caminharia para a morte. Se o fio já estivesse branco quando o buscassem de volta, isso significava que o povo havia sido perdoado de seus pecados. Essa tradição deriva de Isaías 1:18: "Vinde e raciocinemos, diz o Senhor. Ainda que os vossos pecados sejam como escarlate, eles podem se tornar brancos como a neve; ainda que sejam vermelhos como lã tingida, podem se tornar como lã branca". De qualquer modo, o fio seria mostrado em Jerusalém. Se ainda não estivesse branco, a esperança era de que ficasse branco ao longo do ano como símbolo do perdão que Deus estende ao povo.

O sumo sacerdote selecionava um homem que conduziria o bode pelo deserto. De acordo com os sábios, a tradição teve início com a escolha que o sumo sacerdote fez de outro sacerdote, que iria executar a tarefa. Mas, com o passar do tempo, a responsabilidade foi transferida para não israelitas. Talvez o medo de não cumprir o dever da maneira adequada e a possibilidade da punição tenham levado o sumo sacerdote a apontar alguém que não fosse da comunidade. O homem deveria conduzir o bode através de dez pontos diferentes em uma estrada que cortava o deserto entre Jerusalém e uma montanha no deserto da Judeia. Assim que a montanha fosse avistada e eles estivessem na trilha que conduzia até ela, o homem se afastava e deixava o bode prosseguir sozinho. O animal, então, sofria uma queda que o levava à morte. O homem que estivesse observando isso voltaria, reportaria a morte e traria o fio vermelho de volta para inspeção do sacerdote.

No entanto, essa descrição do processo que acabei de fazer não vem diretamente da Torá. A Torá inclui somente a breve passagem mencionada acima (Levítico 16:21,22). Como dissemos, a narrativa vem do Talmude. O Talmude foi redigido e compilado décadas depois do fim do ritual do bode expiatório. Portanto, não há como ter certeza da exatidão do relato. Mas essa forma de entender o processo nos ensina o significado da reconciliação e do perdão. Deus concedeu aos israelitas um meio poderoso e duradouro para restaurarem relacionamentos e para se aproximarem dele, e a forma como os judeus observam hoje o Yom Kippur espelha muitas ideias subentendidas no ritual do bode expiatório.[3] Quer celebremos o Yom Kippur nos dias de hoje, quer não, podemos encontrar orientação e sabedoria nas verdades a ele atreladas.

Em primeiro lugar, o ritual do bode expiatório constitui um meio de purificação. Os sábios do judaísmo debatiam o conceito de *pecado* e *reconciliação*. Assim como não temos condições de "desenviar" um e-mail nem de "desdizer" algo que dissemos, também não podemos "descometer" um pecado. O que está feito, está feito. Um pedido de desculpas pode ajudar a melhorar um relacionamento, mas não o restaura. O ritual do bode expiatório nos dá um meio de recomeçar. Ele nos motiva a fazer uma pausa, pensar, nos arrepender e refletir. Ele muda nosso relacionamento com o passado. O passado não determina mais o futuro. Somente

---

[3] Rabbi Evan Moffic, *What Every Christian Needs to Know About Judaism* (Nashville: Abingdon Press, 2020).

Deus tem o poder de viabilizar essa mudança, e ela continua viável nos dias atuais. Podemos não enviar um bode para morrer, mas praticamos rituais que podem dar sentido a esse ritual de purificação. Em minha sinagoga, temos o hábito de pegar migalhas de pão e jogá-las em água corrente. Esse ato apenas simboliza a eliminação de nossos pecados. Enquanto jogamos nossos pecados na água, costumo dizer às pessoas que estão comigo que a palavra *kippur*, que significa "expiação", também subentende algo que é "coberto". Cobrimos os nossos pecados e nos purificamos deles. Em nosso caso, a água simboliza que nossos pecados foram cobertos, limpos e levados embora. Esses símbolos têm o poder de tomar conceitos abstratos, torná-los concretos e dar-lhes sentido.

Em segundo lugar, o ritual do bode expiatório se vale do poder da dramatização. Imagine o que os israelitas sentiam quando um sacerdote, vestido de branco, conduzia um bode através do Templo, descia as escadas e dirigia-se para o deserto. Eu penso em dezenas de milhares de pessoas — vestidas de branco como símbolo de pureza, segundo o costume do Dia da Expiação — todas saindo, cantando e observando o bode sendo levado pelo sacerdote. O ritual ilustrava a importância do perdão. A dramatização não tem o objetivo de ser um entretenimento. Tem o objetivo de nos tocar e transformar. O poder desse momento é potencializado porque passamos juntos por essa experiência. Assistir ao ritual a uma grande distância não tem a força da experiência de testemunhá-lo no Templo.

Pense nos momentos espirituais de maior importância em nossa vida. Talvez alguns tenham acontecido enquanto você estava sozinho. Outros, provavelmente, são frutos de uma experiência comunitária dramatizada. Na sinagoga onde cresci, havia um momento na reunião que sempre me dava um frio na espinha. O conjunto coral proclamava as primeiras palavras do Salmo "Su Sh'orim", que significa "Abram-se os Portões", enquanto o órgão era tocado e toda a congregação se colocava em pé. Nessa hora, as portas da arca eram abertas, e o rabino subia para pegar a Torá. Essa dramatização transmitia o respeito pela Torá e sublinhava a seriedade da mensagem que estávamos prestes a ouvir. Ela também remetia à experiência dos israelitas no monte Sinai. No Sinai, os portões do céu se abriram, e Deus entregou a Moisés as palavras da Torá. Grande parte dos rituais praticados pelos sacerdotes em Levítico dava aos israelitas a possibilidade de ver e experimentar de forma concreta a presença e a mensagem de Deus no Templo.

GRAÇA E PERDÃO

"Isto vos será uma lei perpétua: no sétimo mês, no décimo dia do mês, renunciareis e não fareis nenhum trabalho, nem o natural, nem o estrangeiro que vive entre vós. Pois neste dia será feita expiação em favor de vós, para vos purificar de todos os vossos pecados; e sereis purificados diante do Senhor."

Levítico 16:29,30

O ritual do bode expiatório também é um indicador do poder da graça. Esse indicador persiste nos Evangelhos e no Talmude. Ele aparece em Levítico 16:29, onde Deus anuncia o *Yom Kippur* e diz que este será um dia em que os israelitas "não farão nenhum tipo de trabalho". Será que isso significava apenas que, no *Yom Kippur*, eles não deviam executar nenhum tipo de trabalho, fosse na agricultura, na pecuária ou em qualquer outro meio de subsistência? Talvez, sim. Mas a palavra hebraica traduzida por trabalho também significa "adorar". Será que Deus estava dizendo que eles não deviam adorá-lo no Dia da Expiação? Isso parece estranho. Por acaso, o grande propósito do Dia da Expiação não era adorar a Deus por meio dos sacrifícios apresentados pelos sacerdotes e, assim, receber a expiação? Não. Os israelitas não conquistavam a expiação no *Yom Kippur*. Eles não praticavam algum ato em busca de recompensa, pois Deus não "precisa" de sacrifícios nem de provas de fé. Os sacrifícios e os rituais serviam de testemunho do perdão de Deus. No *Yom Kippur*, Deus vela por nós mediante um ato de purificação.

Isso não significa que o *Yom Kippur* e o ritual do bode expiatório sejam algum tipo de "passe livre". A tradição judaica não leva a ideia da graça às últimas consequências nem afirma que Deus perdoa qualquer coisa automaticamente, não importa o que façamos. A melhor maneira de entender essa verdade está na diferença entre "fazer expiação" e "apaziguar". Apaziguar significa que oferecemos algo a Deus para pacificá-lo e, assim, conquistar perdão e restauração de nossa comunhão com Ele. Nós oferecemos. Deus aceita a oferta. Expiação implica a restauração da comunhão com Deus. Por isso, os israelitas ofereciam os sacrifícios e, simbolicamente, transferiam seus pecados ao bode enviado ao deserto. Esses atos concretos simbolizavam em si mesmos uma transformação para restaurar o sentimento de proximidade com Deus. O pecado havia se colocado entre Deus e o povo. Deus elimina essa barreira com o perdão. Os israelitas eliminavam a barreira dentro de si mesmos por meio dos rituais do *Yom Kippur*. Eles recuperavam a unidade com o

Deus do universo. Deus não precisava de nada disso. Mas os israelitas precisavam.

Para evitar que o povo considerasse o *Yom Kippur* um "passe livre", os sábios do judaísmo incorporaram outro ensinamento ao significado da expiação. No Talmude, eles afirmam: "O *Yom Kippur* faz expiação pelas transgressões entre uma pessoa e Deus; no entanto, o *Yom Kippur* não faz expiação pelas transgressões entre uma pessoa e outra, enquanto ela não apaziguar a outra parte" (Mishná Yoma 8.9). Isso quer dizer que, no *Yom Kippur*, Deus não nos perdoa por termos roubado outra pessoa, a menos que tenhamos pedido perdão a ela. No *Yom Kippur*, segundo a Torá, Deus nos perdoa quando não seguimos os rituais adequados ou deixamos de observar os dias santificados do modo prescrito. Mas Deus não apaga os registros dos pecados que cometemos ao ofender os outros, se primeiramente não buscarmos reconciliação com a parte que sofreu a ofensa. Esse é um ensinamento que nasce da certeza de que todos os seres humanos são criados à imagem de Deus. Portanto, a menos que procuremos nos reconciliar com o outro ser humano contra quem pecamos, a barreira entre nós e Deus será mantida. A busca da reconciliação demanda arrependimento e iniciativa de fazer reparação. Não podemos pedir perdão sem que antes façamos uma autoanálise e tentemos mudar. Se sentirmos remorso e tentarmos fazer a reparação de nosso erro, mas a outra parte insistir em não aceitar nosso pedido de perdão, então, de acordo com a tradição do judaísmo, precisamos tentar três vezes. Se a recusa persistir, Deus atua como procurador e estende seu perdão no lugar da pessoa.

Ao ensinar esse conceito rabínico em igrejas, alguns afirmam que ele parece muito legalista. Por que haveríamos de nos submeter a tal procedimento para obter perdão, se, afinal de contas, Deus derrama sua graça? A resposta é dupla. Primeiro, o propósito dos ensinamentos divinos na Torá é orientar os israelitas na consolidação de uma sociedade e de uma nação. O povo está fazendo uma viagem pelo deserto em direção à Terra Prometida, onde dará início a uma civilização como povo escolhido de Deus. Ou seja, os ensinamentos de Deus não são dirigidos apenas ao indivíduo, mas à comunidade como um todo. Se, no Dia da Expiação, mentiras, traições, roubos e assassinatos pudessem ser simplesmente apagados, a sociedade não seria algo viável. Na Torá, não há separação entre lei civil e lei religiosa, ao contrário do que vemos hoje. Todas as coisas existiam sob a égide da religião. As leis de Deus não se aplicam somente ao nosso relacionamento pessoal com Ele, mas também aos meios pelos quais a comunidade como um todo pode funcionar e se relacionar com Deus. Por isso, Ele provê um processo que viabiliza a reconciliação entre os seres humanos.

Segundo, conforme já observamos, os rituais não têm o objetivo de satisfazer a Deus. Pensar que eles dizem respeito somente a Deus é uma forma de passar por cima do significado que eles encerram. É como se pedíssemos desculpas a alguém pelos sentimentos que nossos atos despertaram na pessoa. Um pedido de desculpas não diz respeito à outra pessoa. Ele tem a ver com a mudança que deve acontecer em nós. O mesmo raciocínio pode ser aplicado aos rituais do *Yom Kippur*. Eles nos moldam. O rabino Alan Lew escreveu um livro sobre o *Yom Kippur*, onde defende a ideia de que nossa vida do cotidiano não nos prepara para a transformação espiritual que Deus coloca à nossa disposição no Dia da Expiação.⁴ Sem ele, simplesmente estaríamos arruinados. Seríamos prisioneiros das mágoas do dia a dia e teríamos uma perspectiva limitada da vida. Com o passar do tempo, perderíamos contato com Deus e nossa capacidade de nos relacionar com os outros. O rabino Lew compara a vida sem o Dia da Expiação com a Linha Maginot construída na França e usada como defesa durante a Segunda Guerra Mundial. A linha tinha boas fortificações, mas os alemães acharam uma passagem e acabaram invadindo a França. O rabino Lew afirma que a vida também nos atinge de formas que não podemos prever. O Dia da Expiação nos ajuda a lidar com a realidade do caos e do pecado, sempre presentes e inesperados. Na Bíblia, os israelitas se fortaleciam pela prática dos rituais do Dia da Expiação. Ao findar o dia, estava restaurada uma ordem sagrada tanto na vida dos israelitas quanto no relacionamento de Deus com a comunidade.

AMAR O PRÓXIMO COMO A SI MESMO

No entanto, a ordem sagrada de Deus não depende somente dos rituais. Ela também está amparada por um princípio hoje conhecido como Regra Áurea. Levítico 19 contém esse versículo que lhe serve de base: "Ama o teu próximo como a ti mesmo". Os sábios do judaísmo viam nele um ensinamento basilar, mas o reformularam com as seguintes palavras: "Não faças aos outros aquilo que tu odeias". Essa reformulação, como veremos a seguir, nos dá mais capacidade de viver segundo a Regra Áurea. Todavia, antes de examinar as várias

---

⁴ Alan Lew, *This Is Real and You Are Completely Unprepared: The Days of Awe as a Journey of Transformation* (New York: Back Bay Books, 2003).

interpretações que dela decorrem, pensemos no contexto em que ela aparece.

Ela surge no meio de uma série de leis e ritos ligados à vida agrícola: "Não colherás até os cantos de teu campo" (19:9) e "não vestirás roupa feita com dois tipos de material" (19:19). Ou seja, parece que a regra está fora de ordem. Ao fazer uma preleção, geralmente vamos ordenando proposições, começando com a menos importante até chegar à mais importante. A primeira proposição estabelece a base para a segunda, que, por sua vez, culmina na terceira. Mas nessa passagem de Levítico, parece que, quanto à importância das proposições, saímos da quinta, passamos para a primeira e, depois, pulamos para a nona. Amar o próximo como a si mesmo parece ser o versículo mais importante e deveria ser o ponto culminante, mas ele está encravado no final de um versículo no meio da Torá.

Sua localização reflete uma verdade central na Torá e no judaísmo antigo. Não há separação entre "religioso" e "secular". No judaísmo, tudo o que fazemos na vida é parte de nosso relacionamento com Deus. A aliança entre Deus e Israel é integral e abrange todos os aspectos da vida. Deus dá a mesma importância tanto ao que fazemos na mesa da cozinha quanto no trabalho ou no quarto de casa. Ele dá a mesma importância tanto à política quanto à nossa vida em família. Dá a mesma importância tanto à forma como oramos quanto ao modo como tratamos outros seres humanos. Isso quer dizer que não há níveis de importância diferentes quando avaliamos as diversas leis da Torá. Todas são igualmente importantes.

Essa ideia pode nos parecer estranha. Que importância pode haver na mistura de dois tecidos na mesma roupa em comparação com o modo como tratamos uns aos outros? Segundo os teólogos judeus tradicionais, a resposta está no fato de que a Torá como um todo é a palavra de Deus. Não nos compete fazer distinção entre os mandamentos. Sabemos que todos vêm de Deus, mas não o que está na mente divina nem quais ações Ele realmente valoriza. Temos apenas um entendimento humano, mas a perspectiva de Deus vai muito além da nossa capacidade de compreender. Assim, confiamos na palavra de Deus da maneira que nos foi revelada.

Não concordo integralmente com essa teologia, mas acho que ela é um sinal de humildade. Não conhecemos todas as razões ou as origens das leis da Torá, mas não trocamos automaticamente os pensamentos de Deus pelos nossos. Às vezes, as leis existem por razões que nos são desconhecidas, e muitas vezes o que julgamos trivial pode ter muito mais importância do que imaginamos. Em 1952, Ray Bradbury escreveu sobre esse assunto em um breve conto intitulado *A Sound of Thunder* [Um som de trovão]. Trata-se de um retrato narrativo do que ficou popularmente conhecido como "efeito borboleta". Nele, um grupo de caçadores do ano 2055 viaja em uma máquina do tempo para voltar aos dias em que os dinossauros viviam na terra. Eles podem caçar somente animais pré-selecionados, que morreriam de qualquer maneira, e prometem não fazer nada que pudesse mudar o futuro, por mais insignificante que fosse.

No meio da caçada, Eckels, um dos caçadores, assusta-se e corre para fora da trilha predefinida. Ele logo volta para a trilha, e tudo continua conforme havia sido planejado. No entanto, quando eles voltam para 2055, o resultado de uma eleição realizada recentemente havia se alterado. As palavras nas placas estavam grafadas de maneira estranha. Eles então percebem que havia uma borboleta morta grudada na sola do sapato de Eckels. Um ato de pequenas proporções havia mudado o curso da história. Quem poderia saber os efeitos que haveriam de ser provocados pelo fato de uma borboleta ser pisoteada? Quem sabe o porquê da existência de certas leis? As tradições do passado podem estar imbuídas de uma sabedoria que nos é desconhecida.

Todavia, muitos entre nós entendem a importância ética da mensagem da Regra Áurea: amar o próximo como a si mesmo. Os psicólogos podem dizer que ela faz sentido sob um aspecto da natureza humana que clama por reciprocidade. Ou seja, os psicólogos pesquisaram a fundo o instinto natural que nos leva a agir em prol de alguém que faz algo por nós. Por exemplo, se uma pessoa nos convida para jantar em sua casa, temos a tendência de convidá-la para jantar em nossa casa. Levítico 19 eleva esse instinto natural a um plano mais abrangente: devemos tratar os outros da forma como queremos ser tratados. Se quisermos que os outros sejam honestos conosco, falaremos e agiremos com honestidade ao interagir com eles. Se quisermos que as pessoas sejam bondosas conosco, precisamos fazer o mesmo com elas.

Na opinião dos sábios do judaísmo, a Regra Áurea é um instrumento que leva a civilização e a sociedade ao desenvolvimento. Para que se crie um sentimento básico de confiança social, é preciso que as pessoas se comprometam a cooperar e construir algumas realidades que ninguém conseguiria construir sozinho. No entanto, os sábios do judaísmo perguntam até que ponto é realista esperar que apliquemos a Regra Áurea a todas as pessoas que vivem neste mundo. Pense, por exemplo, naqueles que desejam imigrar para os Estados Unidos. A Regra Áurea dá a entender que isso não deve ser proibido, pois gostaríamos de ser tratados da mesma forma. Mas, e se três bilhões de pessoas quisessem imigrar para os Estados Unidos? Se fosse permitida a imigração de um número tão grande de pessoas, as consequências seriam negativas e extrapolariam a simplicidade da ideia de fazer aos outros o que desejamos que eles nos façam. Portanto, o princípio que se aplica quando pensamos em indivíduos nem sempre pode ser facilmente transferido para questões que dizem respeito a toda uma sociedade.

Além disso, a Regra Áurea traz em si outra questão. O que pensar daqueles que não querem ser tratados da mesma forma que nós? Pense nos homens-bomba, que se suicidam com o objetivo de matar os outros, baseados naquilo que consideram uma causa mais nobre. Será que eles se identificam com nossos desejos? Receber um homem-bomba em nossa casa parece o cúmulo da ingenuidade e não do comportamento ético.

Os sábios do judaísmo têm dificuldade para explicar o que Deus queria dizer com a Regra Áurea e, por isso, investigam o que pode estar abaixo da superfície de algo aparentemente simples. Em primeiro lugar, eles examinam duas palavras centrais. A primeira é "conterrâneo" ou, conforme sua tradução mais comum, "próximo". Quem é nosso próximo? Nos dias atuais, a palavra remete à ideia de proximidade física. Nosso próximo mora na casa ao lado da nossa ou, talvez, no mesmo quarteirão ou cidade. Mas é claro que, dentro desse contexto, o termo próximo não se limita a essa única ideia. Será que próximo significa todos os outros seres humanos? É possível, mas, nesse caso, por que a Torá não usou a expressão hebraica *kol adam*, que significa "todos os seres humanos"? Isso não deixaria nenhuma dúvida. Os sábios do judaísmo discutem essa questão e chegam a diversas respostas. Um rabino afirma que "próximo" é uma referência aos outros israelitas, caso em que a palavra "conterrâneo" talvez seja a melhor tradução. Ou seja, devemos tratar nossos patrícios da maneira como gostaríamos de ser tratados. Mas esse significado não se aplica a quem não seja do povo de Israel.

Todavia, há outro sábio conhecido como rabino Aquiba, que afirma que "próximo" é uma referência a todos os outros seres humanos, pois todos foram criados à imagem de Deus. Ele enxerga em Levítico 19:18 a declaração de uma igualdade básica entre os seres humanos. Contudo, Aquiba raciocina a partir do sentido da segunda palavra central, "amor". Ele se inspira nos ensinamentos de seu mestre, o rabino Hillel. Segundo Hillel, não é possível obedecer à ordem de cultivar um sentimento específico. Por isso, amar o próximo como a si mesmo não tem nada a ver com algum sentimento em relação ao próximo. Tem a ver com ação. Em seguida, porém, Hillel reconhece ser impossível um critério que nos obrigue a agir da mesma forma que agiríamos conosco. Ele declara que somente Deus pode amar com tamanha amplitude. Amar o próximo como a nós mesmos é um ideal que devemos buscar, mas é inalcançável para um ser humano. Hillel sugere que uma das formas pelas quais podemos chegar mais perto desse ideal é não fazendo ao nosso próximo o que não gostaríamos que fosse feito a nós.

Nos ensinamentos de Hillel, há outra dimensão pertinente à nossa compreensão da Torá. As palavras de Hillel têm origem no Talmude em um diálogo com um homem que contemplava a possibilidade de se converter ao judaísmo. Ele pediu a Hillel que fizesse um resumo de toda a Torá enquanto se mantivesse de pé com uma perna só. Ele havia feito o mesmo pedido a outro rabino, mas não havia recebido atenção. Hillel, porém, responde fazendo uma reformulação da Regra Áurea: "Não faças aos outros aquilo que tu odeias". E acrescenta: "Todo o resto são comentários. Agora vai e estuda". Assim, a Regra Áurea de Hillel é uma resposta a um pedido de resumo de toda a Torá. Sua resposta nos dá uma noção daquilo que os sábios do judaísmo entendiam como propósito da Torá. Seu propósito é aperfeiçoar o caráter do ser humano, transformar-nos em melhores criaturas. A Torá se propõe a nos ensinar a viver mais do que nos ensinar em que devemos crer.

CONCLUSÃO

Ler ou estudar Levítico não é tarefa fácil. Ele trata de sangue, sacrifícios e pureza. Concentra-se em uma estrutura antiga que não existe mais. Para muitos leitores, pode parecer que as palavras de Levítico nos distanciam e até mesmo nos alienam. Mas ele também é um livro de grande atualidade e pertinência, pois nos ensina a viver a fé aqui e agora. Fé é algo que fazemos. Em Levítico, os sacerdotes criam um espaço sagrado para Deus. Esse espaço sagrado serve de modelo para o que o mundo deve ser. Toda a Torá é um guia para a criação de um espaço sagrado para Deus sobre a terra. Ele começa no Templo e se estende pelo mundo.

⟨ CAPÍTULO CINCO ⟩

NÚMEROS

NÚMEROS, nome do quarto livro da Torá, não tem nenhum vínculo temático ou linguístico com o nome em hebraico, *bamidbar*, que significa "No deserto". Números é um título que remete aos diversos recenseamentos ao longo do livro. O capítulo 1 relata o primeiro deles. Aparentemente, o objetivo do censo era calcular o número de homens que poderiam servir como soldados. É por isso que ele se limitou ao número de homens acima de vinte anos de idade, excluindo-se os sacerdotes. Entretanto, o grande propósito do censo é nos lembrar da santidade de todo indivíduo. A santidade e a importância do indivíduo são conjugadas em um tema que percorre todo o livro.

O censo também prenuncia outro tema central: a jornada através do deserto. É o tema subentendido no título original do livro, "No deserto". Números retrata os desafios que os israelitas enfrentaram na jornada. Ele nos apresenta um modelo de jornada de fé. Vemos em Números tanto a falta de confiança na promessa de Deus quanto a reafirmação do compromisso com a promessa. Contemplamos a morte de líderes importantes e o surgimento de outros.

Assistimos às provas e vitórias, muitas vezes no mesmo capítulo, culminando com a chegada dos israelitas ao limiar do deserto, com o olhar voltado para a Terra Prometida.

NÚMEROS

> "Fazei um recenseamento de toda a comunidade de israelitas segundo os clãs de seus ancestrais, listando os nomes de todos os do sexo masculino, um por um."
>
> Números 1:2

Ninguém gosta de se sentir um número. Números são impessoais. É um ponto de referência que objetifica. Números são usados para desumanizar as pessoas, fazê-las se sentir ou parecer um objeto, não um sujeito. Fico pensando nos prisioneiros dos campos de concentração nazistas com números tatuados no braço. Para os nazistas, eles eram números, não seres humanos. Alguns números eram eliminados por meio de homicídio. Outros serviam para trabalhar para o exército alemão. Pessoas foram substituídas por números.

Todavia, já falei com muitos sobreviventes do Holocausto, e eles me disseram que os números tatuados no braço têm hoje outro propósito. Eles os ajudam a se lembrar de que, na realidade, são mais do que um número. Os números lhes dizem que eles sobreviveram à desumanização e aos assassinatos que aconteceram à sua volta para que pudessem falar da experiência única que viveram e transmitissem uma mensagem ao mundo.

É assim que alguns rabinos interpretam o censo do início de Números. Os israelitas faziam a contagem dos indivíduos, porque, na verdade, cada um deles era importante. O que leva os rabinos a essa interpretação são as palavras usadas para retratar o ato de fazer o recenseamento. O original hebraico do versículo 2, traduzido por "fazei um recenseamento", significa literalmente "erguei a cabeça". Moisés devia "erguer a cabeça" dos israelitas. Ou seja, cada israelita levantava a cabeça para ser contado. Por que a Torá emprega uma forma de se expressar tão estranha? O hebraico bíblico tem diversas palavras com a acepção de "contar" e, entre estas se encontram *limnot, lispor, lipkod* e *lachshov*. Por que usar a estranha expressão "erguer a cabeça"? A resposta está no fato de que ela estabelece um contraste entre a perspectiva dos egípcios e o conceito que o judaísmo tem de Deus e do indivíduo.

Pense por um instante no Egito dos faraós. Para o faraó, os israelitas eram mão de obra que serviam ao propósito de construção das pirâmides e das cidades de Ramsés e Pitom. Eles eram meios para atingir um fim, não um fim em si mesmos. Vemos a mesma perspectiva na história da construção da torre de Babel. O povo da terra resolveu erguer uma torre que ia da terra ao céu. Deus frustra os planos daqueles homens e decide confundir as línguas, de modo que não conseguissem falar uns com os outros nem se entender. Os sábios do judaísmo afirmam que Deus tomou essa decisão porque os construtores não tinham consideração pela vida humana. Se um trabalhador caísse enquanto assentava tijolos na construção da torre, os construtores não se importavam. Trabalhadores eram facilmente substituídos. Mas se fosse um tijolo que caísse, eles se importavam, pois são necessários tempo e energia para fabricar tijolos. Deus lhes arruinou os planos, porque, ao rejeitar um indivíduo, eles estavam rejeitando o próprio Deus.

A Torá afirma o valor infinito do indivíduo, pois cada pessoa foi criada à imagem de Deus. Essa perspectiva não predomina em nosso mundo. Pense nas dezenas de milhões de pessoas forçadas a servir o exército e a participar de construções na Rússia de Stalin ou na China de Mao Tsé-Tung. Nessas culturas ditatoriais, as pessoas eram apenas números. A Torá estabelece uma visão diferente. Nenhuma pessoa pode ser substituída por outra. Os sábios do judaísmo sublinham esse conceito com uma metáfora baseada no comércio. Eles dizem: "Tudo o que pode ser contado, vendido como unidade e não por peso jamais poderá ser anulado, mesmo que misturado a milhares ou milhões de outras unidades" (Beitzah 3b). Ou seja, se um alimento é vendido como unidade, pagamos por ele e dele nos beneficiamos em separado dos outros. Provavelmente, a Torá não permitiria restaurantes por quilo nem rodízios! Os sábios fazem uso do alimento como metáfora da singularidade do indivíduo. Somos separados e únicos. Essa visão da singularidade do indivíduo deriva de nossa visão de Deus. O único Deus do universo é ímpar e singular. Por isso, cada pessoa criada à imagem de Deus é única. A ciência confirma essa verdade. Até de uma perspectiva genética, dois gêmeos idênticos não compartilham necessariamente das mesmas características físicas ou de personalidade.

Há outra dimensão na contagem dos indivíduos, dimensão esta que lhe confere toda essa importância no começo do livro de Números. Os israelitas estavam vivendo um período de vulnerabilidade. Antes de tudo, eles precisavam levantar a cabeça. Eram indivíduos singulares. Ao mesmo tempo, conforme lemos em Gênesis, não é bom que o homem esteja só. Somos indivíduos que se completam por meio de relacionamentos.

Na Torá, os relacionamentos que nos unem não se restringem aos vínculos familiares. Eles abrangem a tribo à qual o indivíduo pertencia. Hoje, a palavra *tribo* pode transmitir a ideia de exclusivismo e divisão. Mas essa não é a função das tribos na Torá. As tribos constituem a família extensa dos israelitas. Cada tribo teve início com um dos doze filhos do patriarca Jacó. Cada uma conferia ao indivíduo uma identidade que ia além da família nuclear imediata. Normalmente, cada tribo tinha habilidades e responsabilidades que lhes eram únicas. Os levitas trabalhavam como sacerdotes. Os juízes geralmente provinham da tribo de Dã. A tribo de Gade tinha tradição de guerreiros e líderes militares, e assim por diante. A tribo era uma subcomunidade dentro da comunidade. Cada tribo dirigia seus membros por determinado caminho. Veremos que as formas pelas quais a Torá organiza as tribos são uma espécie de modelo para que diferentes grupos coexistam em paz e harmonia. Ou seja, a organização das tribos é um protótipo do ideal "*e pluribus unum*", ou seja, de muitos, um. Em um mundo onde as divisões entre grupos somente crescem, o modelo fornecido pela Torá adquire uma importância especial.

ERGUENDO O ESTANDARTE

"Os israelitas acamparão cada um com seu estandarte, junto às bandeiras da casa de seus antepassados; acamparão a certa distância em volta da Tenda do Encontro."

Números 2:2

Estamos diante de uma cena impressionante. Um regimento de pessoas segurando bandeiras em volta do Tabernáculo. O povo de Deus marchando pelo deserto. Mas não se trata apenas de uma cena impressionante. Os sábios do judaísmo explicam que a Torá procura comunicar a essência de cada tribo e do papel que cada uma desempenhava como parte de um mosaico do povo judeu. Segundo eles, "a bandeira de Rúben era vermelha e pintada com mandrágoras; a de Simeão era verde e estampava a imagem de Siquém (uma cidade); a de Judá era azul com a figura de um leão" (Rabá de Números, 2). As bandeiras eram símbolos da natureza ímpar de cada tribo. Mas, juntas, formavam um todo diversificado.

Os sábios do judaísmo afirmam que a fileira de bandeiras era importante, mas a organização e a ordem das bandeiras das tribos eram essenciais e reveladoras. Elas estavam posicionadas de modo bem específico, e cada tribo ocupava seu lugar em volta do Tabernáculo. (A rigor, eram treze as tribos, incluindo os sacerdotes levitas, mas estes não portavam bandeira.) Os levitas se posicionavam junto ao Tabernáculo e o cercavam. Eles eram responsáveis pela preservação da santidade do local. As doze tribos rodeavam os levitas, marchavam em quatro grupos de três tribos cada. Eram como engrenagens de uma máquina. Estavam dispostas em uma ordem específica, de modo que, juntas, pudessem marchar e agir com eficácia. Alguns sábios dão a entender que elas estavam dispostas em uma ordem definida, de modo que os doze pontos que rodeavam o Tabernáculo formavam uma estrela de Davi. Outros afirmam que a ordem das tribos evitava que ficassem lado a lado tribos que estivessem em conflito uma com a outra. Ou seja, Deus não organizou as tribos de forma aleatória. Os detalhes sutis da disposição das tribos é um lembrete de que nem sempre é fácil reunir grupos diferentes. É uma tarefa que exige empatia e sabedoria.

Usando de criatividade, os sábios estendem o significado da disposição das tribos em volta do Tabernáculo para nos ensinar que existe um vínculo entre as diferentes gerações ao longo do tempo. Segundo eles, cada geração do povo judeu tem seu caráter e identidade. Cada uma ergue um estandarte definido pelos desafios e possibilidades de sua época. Uma geração vem após a outra, e cada uma se vê como continuação e cumprimento da missão de Deus para o povo judeu. O Tabernáculo e, depois, o Templo de Jerusalém simbolizam o alvo que todos têm em comum.

Todos podemos aprender essa lição, quer sejamos judeus, quer não, pois cada um de nós tem algum lugar de origem e algum lugar de destino. Somos elos da corrente de uma família, nação e comunidade. Essa visão de forma alguma apequena nossa singularidade. Aliás, os israelitas são considerados primeiramente indivíduos e depois passam a ser vistos como partes de uma tribo. Ou seja, nossa voz e nossas histórias fazem parte do acervo das comunidades às quais pertencemos. Outra metáfora dos sábios do judaísmo é que cada pessoa é como uma letra de um rolo da Torá. Se faltar uma, a palavra não faz sentido. Se uma palavra não faz sentido, toda a oração fica sem sentido. Se uma oração não faz sentido, o parágrafo fica incompleto. Se o parágrafo estiver incompleto, o capítulo e o livro ficarão incompletos. Ou seja, o mundo ficaria incompleto sem cada um de nós. Os sábios derivam todos esses ensinamentos do versículo da Torá que fala da disposição das tribos em volta do Tabernáculo.

A BÊNÇÃO SACERDOTAL

"Assim abençoareis o povo de Israel.
E lhe direis:
O Senhor te abençoe e te proteja!
O Senhor trate contigo com bondade e graça!
O Senhor te conceda seu favor e te dê a paz!"

Números 6:23-26

Esses versículos encontram-se entre os mais conhecidos da Torá. São a bênção mais antiga de que se tem conhecimento no judaísmo. Segundo os arqueólogos, ela tem 2.600 anos ou provavelmente mais. Em 1979, durante uma escavação, foram encontrados dois pequenos rolos de prata na área da cidade velha de Jerusalém, e neles havia trechos dessa bênção sacerdotal. Esses rolos são datados seguramente do fim do período do Primeiro Templo, por volta de 600 A.E.C. [Antes da Era Comum] Essa bênção foi recitada regularmente durante todo ou quase todo esse intervalo de tempo.

O poder da bênção sacerdotal deriva parcialmente de sua estrutura. A primeira linha contém três palavras; a segunda, cinco; e a terceira, sete. Além disso, há quinze consoantes na primeira linha, vinte na segunda e vinte e cinco na terceira.[1] Essa evolução aponta para o extravasar e para a abundância da bênção de Deus. Mas seu significado vai além disso. As palavras não são apenas belas, mas também refletem o

---

[1] Rabbi Shai Held, *The Heart of Torah: Volume 2: Essays on the Weekly Torah Portion, Volume 2, Leviticus, Numbers, and Deuteronomy* (Philadelphia: Jewish Publication Society, 2017), 103.

conceito teológico do papel que Deus exerce no mundo e de como vivemos e compartilhamos suas bênçãos.

O sujeito da bênção nos dá a primeira indicação de seu significado mais abrangente. Os sacerdotes dizem: "Deus te abençoe e te guarde". A origem da bênção não está nos sacerdotes em si. Está em Deus. O nome próprio de Deus se repete em cada linha da bênção. O reconhecimento de Deus como fonte de bênção ajuda a evitar que os sacerdotes se confundam nas suas atribuições e se coloquem no lugar de Deus. Todos já ouvimos histórias sobre líderes religiosos que extrapolaram suas funções e se aproveitaram de influência e poder para explorar outras pessoas. A mais antiga bênção do judaísmo nos faz olhar para nosso papel da maneira adequada.

Não são apenas os sacerdotes que atuam como canais que conduzem a Deus. Nós também. Pronunciar bênçãos não é um ato exclusivo dos sacerdotes. Todos podem ser canais de bênção. Quando abençoamos uns aos outros, estamos atuando como canais e não como fonte de bênção. Nas palavras do rabino Shai Held, "não somos fontes, mas canais de bênção. Não criamos a bondade que dispensamos, mas apenas a transmitimos, e Deus é a fonte da bênção — não nós; ao dispensá-la, estamos passando adiante uma generosidade que, em última análise, não é nossa".[2]

Os sábios do judaísmo também ponderam o que a Torá quer dizer com a frase "Deus te abençoe". Deus nos abençoa com o quê? O que nos vem à mente quando ouvimos essas palavras? Será que elas representam nossa esperança de prosperidade material? Felicidade? Proteção do mal? Sim,

---

[2] Held, *Heart of Torah*, 104.

respondem os rabinos. Todas essas coisas. Mas eles também examinam a linguagem da bênção e propõem uma interpretação menos óbvia. Os sacerdotes dizem: "Deus *te* abençoe e *te* guarde". A esperança é que cada um receba as bênçãos que lhe sejam apropriadas. Que o estudioso da Torá receba mais capacidade para entender; que o comerciante venda mais e tenha mais lucro. Conforme já dissemos, a Torá valoriza a singularidade do indivíduo, e cada um precisa de bênçãos diferentes.

Desse entendimento das bênçãos surge a interpretação que os sábios fazem da próxima parte do versículo, "Deus te proteja". Inicialmente, podemos entender essas palavras como se os sacerdotes estivessem pedindo que Deus proteja o povo dos perigos físicos. Os israelitas estão vagando pelo deserto e, por isso, essa conclusão não deixa de fazer sentido. Entretanto, os sábios estabelecem um vínculo entre o sentido de "proteger" e de "abençoar", afirmando que estamos pedindo a Deus que "nos proteja do risco de que a bênção recebida se transforme em pedra de tropeço". Ou seja, se formos abençoados com riquezas, podemos nos tornar gananciosos. Podemos virar as costas para os outros. Podemos nos preocupar com aquilo que pensamos estar nos faltando. Ou, se abençoados com conhecimento e sabedoria, podemos perder a humildade. Podemos nos tornar arrogantes e achar que nossos pensamentos refletem a verdade absoluta de Deus. Ou seja, o entendimento limitado que, como seres humanos, temos de Deus pode se transformar em um ídolo.

Por exemplo, pense nos judeus e cristãos que, duzentos anos atrás, criam que a escravidão era ordenada por Deus. Ou pense nos extremistas de hoje, que justificam o assassinato como forma de derrotar os infiéis. Sem humildade, a fé pode tentar legitimar a crueldade praticada em nome da bondade. Precisamos que Deus nos proteja do mau uso que podemos fazer das verdades que Ele nos deu.

Abraham Joshua Heschel, um dos mais admirados sábios do judaísmo do século 20, captou bem essa ideia ao escrever: "O fato é que há tanto abuso religioso, que muitas vezes a Bíblia precisa ser salva das mãos daqueles que a admiram".[3] Prefiro pensar que estamos pedindo a Deus a bênção de nos manter fiéis ao que Ele ordena que façamos e nos proteja da arrogância que nos faz pensar que sempre temos a resposta certa no que tange ao que Ele nos ordena fazer. Estamos pedindo a Deus que não permita que transformemos nossas bênçãos em maldições.

A segunda linha da bênção é um pouco mais misteriosa. O que a Torá está dizendo quando pedimos que o rosto de Deus resplandeça sobre nós? Por acaso, Deus tem rosto? Será que de seu rosto emana alguma coisa? Estaríamos pedindo que aconteça conosco o que aconteceu com Moisés, que desceu do monte Sinai com uma espécie de auréola sobre a cabeça? A resposta se encontra na ambiguidade do original hebraico. Em vez de "o rosto de Deus resplandeça sobre ti", o segundo verso pode ser assim traduzido: "Que o teu rosto resplandeça a luz do rosto de Deus". Ou seja, que o seu rosto transmita sinais da presença de Deus às pessoas que estão em contato com você. Que seus atos e suas palavras conduzam as pessoas a Deus. Harold Schulweis, um de meus mentores no rabinato, costumava se referir a Deus como um

---

[3] Abraham Joshua Heschel, *Between God and Man: An Interpretation of Judaism* (United Kingdom: Free Press, 1997), 249.

verbo. A presença de Deus se evidencia quando agimos em santidade. Schulweis ensina que não temos capacidade de conhecer plenamente a Deus como substantivo, mas sabemos reconhecer os atos que expressam santidade. Quando os sacerdotes pedem que a luz de Deus resplandeça sobre nós, eles estão pedindo a Deus que Ele nos ajude a incorporar os seus ensinamentos. Raramente provamos a existência de Deus fazendo uso da lógica ou da ciência. Exemplificamos a realidade de Deus através de nossa vida.

A segunda parte do versículo define o que significa viver em santidade. Demonstramos *chen,* ou graça. Muitas vezes minimizamos o sentido da graça. Podemos achar que ela se refere apenas às boas maneiras ou à ação de graças que antecede as refeições. Mas a graça é um elemento profundamente religioso. Ela se traduz em uma perspectiva e conjunto de ações que mesclam amor e convicção. O melhor exemplo se encontra no patriarca Abraão. Por causa do desentendimento envolvendo os rebanhos e os empregados de Abraão e seu sobrinho Ló, eles decidiram que precisavam se separar. Abraão confia que Deus o conduzirá ao lugar certo, a Terra Prometida. Por isso, ele diz a Ló: "Não haja conflito entre nós. Escolhe o caminho pelo qual desejas ir, e eu irei pelo outro". Abraão abençoa seu sobrinho e permite-lhe escolher o caminho a seguir. Depois de vários capítulos, encontramos Ló e sua família correndo perigo, mas Abraão toma a iniciativa de ir para o salvar. Graça é bondade, mas é muito mais que isso. É viver com a consciência da constante presença de Deus. Esse tipo de fé concede graça à vida. O rabino Norman Lamm retrata Abraão com as seguintes palavras: "Para Abraão [...] esse arregimentar de todas as forças de sua vida, até mesmo das que se contradiziam, significa que ele colocou à disposição de Deus todos os aspectos de sua personalidade e dirigiu suas energias para um objetivo mais elevado, baseando toda a sua existência na realidade de um propósito transcendente".[4] Isso é viver pela graça.

Essa interpretação pode surpreender os que têm a tendência de pensar na graça como uma qualidade divina que Deus demonstra ao ser humano. Por exemplo, somos perdoados ou recompensados pela graça de Deus. Esse conceito de graça não está ausente no judaísmo, mas os sábios costumavam dar um destaque maior à graça que demonstramos por meio de nossa vida e não como algo que recebemos de Deus. Aliás, Deus nos abençoa com a capacidade de viver manifestando graça. Na bênção sacerdotal, os sacerdotes rogam a Deus essa capacidade.

O último versículo dirige a Deus o pedido de paz, *shalom*. A paz é um elemento tão crucial, que sua posição no fim do versículo quebra o ritmo da bênção. Os versículos anteriores terminam com o som de *cha*, que significa "a ti", mas o último versículo termina com o som de "m", uma consoante fechada no fim da palavra *shalom*. Shalom significa paz, mas é muito mais do que ausência de conflito. Sua origem está na palavra hebraica que denota "completude", *shalem*, que também significa "plenitude" e "integralidade". Paz é um estado do ser, mas também uma visão do estado do mundo.[5]

---

[4] Rabbi Norman Lamm, "The Election of Abraham," (sermão, The Jewish Center, New York, NY, November 2, 1968). Acesso: 30/5/21. https://archives.yu.edu/gsdl/collect/lammserm/index/assoc/HASH0161/e20c167b.dir/doc.pdf.

[5] Para aprofundar o conceito de shalom, leia o livro *Shalom para o coração*, de Evan Moffic (São Paulo: Hagnos, 2022). [Nota do Editor.]

No contexto do versículo que estamos examinando, a Torá parece dirigir o foco para o estado do ser. O sacerdote pede a Deus que *nos* conceda a paz. A primeira parte do versículo aponta para a ação divina. Pedimos a Deus que "levante seu rosto divino" sobre nós. Ou seja, pedimos a Deus que *olhe* para nós. Estamos reconhecendo o amor divino que olha para nós como indivíduos. O amor de Deus penetra nosso mundo, e os sacerdotes invocam esse amor e nele se concentram. É um elemento crucial da tarefa que lhes é destinada. O Talmude nos ensina que os sacerdotes pronunciavam uma bênção especial antes de abençoar o povo, dizendo: "Bendito és tu, Deus eterno, soberano do universo, que nos santificaste com a santidade de Arão e nos ordenaste que abençoemos Israel, teu povo, com amor". Trata-se da única bênção pronunciada antes do cumprimento de um mandamento de Deus e, por meio dela, pedimos capacidade para o cumprir com *amor*. Trata-se também da única bênção em que os sacerdotes pedem que sejam santificados com a *santidade de Arão* e não com a santidade dos mandamentos de Deus. Como se explicam essas características únicas? Acho que a resposta está no imperativo de incorporar o amor — imperativo este dirigido aos sacerdotes e a qualquer pessoa que queira abençoar os outros. No caso em questão, trata-se do amor de um ser humano pelo outro. No próximo capítulo, examinaremos o amor entre Deus e os seres humanos quando chegarmos ao versículo "Amarás o Senhor, teu Deus, com todo o teu coração, com toda a tua alma e com todas as tuas forças" (Deuteronômio 6:5). No que tange aos sacerdotes, porém, é deles a responsabilidade de amar o povo. Era isso que sobressaía no caráter de Arão, o sumo sacerdote. Segundo as palavras de um rabino do século 20, "a santidade de Arão era fruto de seu amor".

Segundo os sábios do judaísmo, amar as pessoas é estar sintonizado com as necessidades delas. É conhecê-las como indivíduos singulares. Vemos isso retratado nas bênçãos que Jacó pronuncia sobre os filhos pouco antes de morrer. Ele dirige a cada filho uma bênção única e condizente com o caráter de cada um. No caso dos sacerdotes que abençoavam os israelitas no deserto, o povo precisava estar seguro da presença de Deus. Era uma necessidade comum a todos. Essa é uma das razões pelas quais os sacerdotes se viravam para o povo ao abençoá-lo. Eles poderiam olhar para o céu, ou mesmo para a arca, lugar que eles criam ser a habitação de Deus. Mas eles olhavam *para o povo,* pois estavam transmitindo a certeza de que o povo era digno da bênção de Deus e podia recebê-la.

Isso pode nos parecer estranho, mas os israelitas precisavam se sentir tranquilos nesse aspecto. Depois de tudo o que já haviam vivido, quem poderia se sentir digno da bênção de Deus? Eles estavam traumatizados depois de quatrocentos anos no Egito. Muitos ainda se consideravam escravos. Reclamavam das incertezas do deserto e ansiavam por retornar à previsibilidade e às conveniências do Egito. Haviam entrado em um estado que o psicólogo Martin Seligman chama de desamparo aprendido. Trata-se de uma síndrome em que condições como prisão e violência programam a mente das pessoas, que são levadas a aceitar tais situações como definitivas. Em casos como esses, elas têm dificuldade de aceitar as bênçãos e a bondade de outros. Elas se veem como indignas e merecedoras do que o destino lhes trouxer de negativo. As palavras pronunciadas pelos sacerdotes tentam atravessar esse nevoeiro da sensação de subserviência. No momento em que se dirigem ao povo, os sacerdotes lhe dão alento.

Essa interpretação da bênção confirma nosso tema do livro de Números. Ela reflete os desafios e oportunidades da jornada pelo deserto rumo à Terra Prometida. É uma jornada que todos conhecemos, mesmo vivendo milhares de anos depois. À semelhança dos israelitas, extraímos força das bênçãos que nos vêm através dos outros. Pense nos momentos de sua vida em que palavras ou gestos de bondade de outra pessoa lhe trouxeram alento. Talvez elas representassem exatamente a sua necessidade naquela hora. Foram como água no momento em que você estava morrendo de sede. As bênçãos têm esse propósito. Aliás, a palavra em hebraico traduzida por bênção é *bracha*. As mesmas letras — com a mudança de uma vogal — formam a palavra traduzida por "açude". As mesmas letras também formam a palavra que significa "joelhos dobrados". Essa associação não é mera coincidência. Imagine-se em um deserto onde você encontra uma poça de água ou pequeno açude. Você se ajoelha e bebe até se satisfazer. A água lhe concede vida. Ela o renova. Uma bênção pode surtir o mesmo efeito.

Na tradição judaica, os sacerdotes e os rabinos não são a única fonte de bênção. Eles nos dão o exemplo de como podemos abençoar uns aos outros. A bênção pode vir de um gesto simples como um toque ou abraço. Mas o que a tradição do judaísmo mais enfatiza é a bênção decorrente das palavras. As palavras certas calam fundo em qualquer situação. Elas nos dão a consciência de que somos amados. Os sábios do judaísmo dizem que todos devem fazer o possível para pronunciar uma centena de bênçãos por dia. As origens dessa prática remontam a um período de doenças e pestes durante o reinado de Davi. Segundo os sábios, todos os dias morriam cem pessoas vítimas de uma peste. Para enfrentar essa adversidade, o rei Davi ordenou que todos pronunciassem uma centena de bênçãos por dia. Em pouco tempo a peste foi contida. Não precisamos acreditar nessa história para dar valor aos ensinamentos que ela transmite. Em tempos difíceis, as bênçãos nos ajudam. Elas nos levam a olhar com outros olhos para nossa condição. Elas nos transformam e, por nosso intermédio, transformam o mundo.

O DESESPERO DE MOISÉS

"E Moisés disse ao Senhor: 'Por que trataste mal teu servo e por que não desfrutei de teu favor, para que pusesses sobre mim o peso de todo esse povo? Por acaso concebi este povo ou o carreguei, para que me dissesses: Leva-o sobre o peito, à semelhança da ama que carrega uma criança, até a terra que juraste dar a seus pais? Onde encontrarei carne para todo este povo, que chora diante de mim e diz: Dá-nos carne para comer! Não consigo levar sozinho todo esse povo, pois é demais para mim. Se fores me tratar assim, eu te imploro que me mates, e não permitas que eu veja mais da minha desgraça!'".

Números 11:11-15

Na teologia cristã há um conceito conhecido como "noite escura da alma". A expressão vem dos escritos de João da Cruz, monge do século 16, e diz respeito à experiência de dor e sofrimento. Quando nos encontramos na noite escura da alma, experimentamos uma pesada sensação de escuridão, desespero e fracasso. No texto que estamos examinando, parece que Moisés estava passando pela noite escura da alma.

É possível entender o porquê. Ele havia conduzido o povo pelo deserto por praticamente quarenta anos. O povo vivia reclamando e rebelando-se contra ele. Ao mesmo tempo, ele defendeu o povo e rogou a Deus que não o destruísse depois do episódio do bezerro de ouro. No âmbito pessoal, Moisés havia levado uma vida distante da mulher e filhos. Além disso, ele não iria sequer entrar na Terra Prometida. Ele não veria o fim de sua jornada como líder. Toda essa dor e desespero sobressaem nessas palavras dirigidas a Deus.

Ademais, essas palavras têm uma força especial para o povo, pois Moisés se desespera por causa dos mesmos problemas que o haviam afrontado durante a jornada inteira. Depois de quase quarenta anos, os israelitas não haviam mudado muito. Mesmo depois da revelação no monte Sinai e da construção do Tabernáculo, eles continuavam desejando as "panelas de carne do Egito". Continuavam a brigar entre si. Continuavam reclamando da comida e pareciam incapazes de demonstrar gratidão e crer na promessa de Deus. Por isso, Moisés sente que havia fracassado. E fala com Deus sobre todas essas coisas.

O que acontece a seguir nos ajuda a entender como Deus sustentou Moisés durante o restante da jornada. Ajuda-nos a entender também que Deus guiou Moisés dando-lhe exatamente a resposta que ele precisava. E Moisés exerce sua liderança oferecendo exatamente a resposta que seu sucessor precisava. O ato pelo qual Moisés expressa seu desespero a Deus transforma todo o restante da jornada.

Respondendo às palavras de Moisés, Deus o tranquiliza imediatamente, instruindo-o a reunir setenta anciãos de Israel para ajudá-lo a carregar o fardo da liderança. Deus também promete mais comida, e isso logo seria visto na fartura de codornizes. Essas duas respostas de Deus diferem das respostas que Ele deu em outras ocasiões. Deus atendeu prontamente à necessidade de Moisés. E o resultado foi positivo. Moisés se acalma e começa a criticar menos o povo.

Quando Josué, sucessor de Moisés, lhe diz que dois homens estavam profetizando no acampamento — desafiando frontalmente Moisés como profeta e líder —, ele simplesmente responde: "Tu te preocupas comigo? Antes todo o povo do Senhor fosse profeta e que o Senhor colocasse sobre eles seu espírito!" (Números 11:29). Em vez de se irar contra o povo, Moisés expressa confiança. Em vez de lamentar sua condição de único profeta no meio do povo, reconhece que Deus pode falar também por meio de outras pessoas. Moisés toma consciência de que outros o ajudarão a concluir a jornada dos israelitas à Terra Prometida.

Além de restaurar sua confiança, que outros elementos da palavra de Deus transformaram Moisés? Primeiro, Moisés percebe que não está sozinho. Como principal líder dos israelitas, Moisés sofria todas as vezes que o povo resistia e se queixava. Moisés não podia ficar sozinho no meio de seu desespero. As palavras de Deus o fortaleceram. Com base nesse episódio, os sábios do judaísmo ensinam que "nenhum prisioneiro pode se libertar sozinho". Ou seja, quando nos sentimos sós e sem esperança, precisamos de outras pessoas que nos deem alento. Não temos condições de fazer isso por nossa conta. Esse ensinamento é aplicado em toda a tradição judaica. Observe o costume dos judeus quando da morte de um ente querido. A família enlutada volta para casa e recebe visitas durante sete dias. É um procedimento conhecido como *shiva,* que significa "sete". Amigos, parentes e conhecidos levam comida para os enlutados e realizam reuniões de oração na casa da família que perdeu o ente querido.

As pessoas diretamente afetadas pelo luto — filhos, cônjuge, pai ou mãe — podem querer ficar sozinhos nessa hora de falta de esperança, mas os sábios do judaísmo reconheciam que o isolamento só intensifica a depressão. Precisamos de outras pessoas em nossa vida. Em sua luta para conduzir os israelitas na jornada para a Terra Prometida, Moisés precisava de Deus para lhe dar força. Em nossa jornada, precisamos uns dos outros para adquirir força e ânimo.

A outra lição que aprendemos com Moisés é que o fato de passarmos por uma situação de desespero pode nos transformar. Não é algo que logicamente desejamos viver. Mas também não é algo que deve nos paralisar para sempre. Um sábio judeu do século 18 ensina que "o mundo inteiro é uma ponte estreita, e o mais importante é não deixar que o medo nos paralise". Moisés temia pelo futuro dos israelitas. Ele tinha medo de que a falta de fé do povo e sua própria morte, que era inevitável, os impedissem de chegar à Terra Prometida. Uma vez que ele revela a Deus seu medo e desespero, ocorre uma mudança. Acredito que essa mudança teve relação com a forma como ele entendia seu papel. Antes desse versículo, Moisés era um líder extraordinário, mas ainda achava que não seria bem-sucedido se não conduzisse o povo até o destino final. Ele achava que seria um fracasso como líder se não levasse os israelitas até a Terra Prometida. Achava que seria um fracasso se os israelitas não alcançassem o mesmo patamar de confiança na palavra e nas promessas de Deus que ele havia alcançado. No entanto, depois dessa experiência, Moisés percebeu que a jornada não se resumia a ele. Ela implicava na fé e no futuro do povo judeu. Ou seja, a missão é mais importante do que as pessoas. E Moisés tinha certeza de que, com a ajuda de Deus, os israelitas levariam a missão a termo.

Essa transformação é o motivo pelo qual a Torá se refere a Moisés como "o homem mais humilde da face da terra". Por admitir suas limitações, Moisés nos dá exemplo do que significa ser um líder fiel. Ao admitir que a jornada continuaria sem ele, Moisés reconheceu a diferença entre a finitude humana e a infinitude divina. Esse nível de humildade é alcançado por meio da comunhão com Deus. Tirando de sobre si um fardo e expressando sua fragilidade diante de Deus, ele não estava dando sinal de falta de fé. Estava se aproximando de Deus, pois, quanto mais nos aproximamos de Deus, mais reconhecemos nossa natureza — nossa mortalidade — e a transcendência divina. Reconhecer nossa natureza não significa nos depreciar. Significa pensar *menos* em nós. A jornada começou antes de nós e continuará depois que não estivermos mais presentes.

Em outras palavras, humildade não tem relação com mansidão. Ela implica confiança na promessa de Deus e o cumprimento de nosso papel na concretização dessa promessa. Essa verdade é exemplificada no texto abaixo sobre os espias que Moisés envia à Terra Prometida.

OS ESPIAS

"Calebe fez o povo se aquietar diante de Moisés e disse: 'Definitivamente, subamos e nos apossemos dela, pois com certeza a derrotaremos'. Mas os homens que haviam subido com ele disseram: 'Não conseguiremos atacar aquele povo, pois é mais forte que nós'."

Números 13:30,31

Lemos em Números 13 que Moisés, como preparação para a entrada na Terra Prometida, envia doze espias, um de cada tribo de Israel, para fazer um reconhecimento do local. Dez espias sentem medo e dizem que não há como subjugar o povo da terra, ao passo que os outros dois, Calebe e Josué, creem que Deus lhes deu a terra e lhes concederá vitória.

A história dos doze espias dá margem a muitas perguntas. Por que eles sentiram tanto medo? Por que o relatório de dez espias é negativo, mas o dos outros dois é bem diferente? Que lições podemos aprender desse relato?

Por um lado, a reação dos dez espias que ficaram com medo reflete o comportamento do povo israelita em outras oportunidades. Eles não confiavam plenamente na promessa de Deus. Os israelitas que reclamavam da falta de comida e água e ansiavam pela volta ao Egito são os mesmos que não creem que Deus lhes garantirá a vitória contra os cananeus. Por outro lado, os dois que não ficam com medo — Calebe e Josué — representam um pequeno grupo de líderes de fé. O heroísmo dos dois é um prenúncio dos importantes papéis que desempenhariam na história bíblica.

Os sábios do judaísmo, porém, dedicam muita atenção à identificação da causa do medo sentido pelos espias. O que eles viram que os levou a recuar tanto e a duvidar da promessa de Deus? Esse assunto é de grande relevância, porque os espias eram líderes das tribos que cada um representava e sabiam que Deus estava com eles. Contavam com a confiança do povo e, segundo os sábios, não tinham dúvida de que Deus não os levaria a uma terra que não poderia ser conquistada. Então, por que o medo? Eles tinham mais medo da vitória do que da derrota!

Tinham medo das mudanças pelas quais passariam na Terra Prometida.

Haviam crescido acostumados com a vida no deserto. Ali se sentiam em intensa comunhão com Deus. Não queriam enfrentar os desafios de serem líderes de uma nação, criar instituições e arregimentar um exército. Não estavam vivendo no "mundo real". Viviam isentos de responsabilidades reais e haviam se acostumado com isso.

Quando entrassem na Terra Prometida, teriam de crescer. Teriam de enfrentar os desafios que todas as nações enfrentam. É claro que sabiam que tudo seria enfrentado com Deus ao lado deles. Mesmo assim, tinham incertezas. Ainda sentiam medo. Preferiam continuar a viagem em vez de chegar ao destino que lhes estava reservado.

Os dez espias tinham medo do sucesso. Esse é um medo muito real, embora digamos a nós mesmos que desejamos obter sucesso. Sem que tenhamos consciência disso, tememos o trabalho e os riscos impostos pelo sucesso. Temeremos as novas responsabilidades e o preço que elas podem cobrar tanto de nós quanto de nossos entes queridos. Temos medo de não estar à altura das expectativas dos outros. Os israelitas tinham medos semelhantes a esses.

Os sábios do judaísmo também destacam outro elemento envolvendo o medo do sucesso. Eles tinham medo do que seria preciso fazer para alcançar o sucesso. Seria preciso prejudicar alguém? Teriam eles de fazer concessões morais? Teriam de agir como os egípcios, dos quais haviam fugido quarenta anos atrás? Talvez tivessem a impressão de que, mesmo se vencessem, sairiam perdendo.

Apesar de todos esses medos compreensíveis, os sábios concluem que os espias pecaram. Seus sentimentos podiam ser nobres, mas Deus quer que vivamos no mundo real de decisões, ações e dilemas morais. Se quisermos crescer, precisamos assumir riscos.

Precisamos criar um espaço para Deus no meio dos desafios da vida, não no deserto isolado, onde o maná cai do céu e tudo nos é fornecido. Deus chamou Israel para viver no mundo como seu povo escolhido. Portanto, eles precisavam viver no mundo real. Então, o que fazer? Como ter certeza de que Deus os conduziria pelo deserto e depois também? Por um lado, Deus lhes diz que precisavam reafirmar a fé que já haviam desenvolvido até aquele ponto. Calebe e Josué insistem nessa questão. Moisés e Arão também a reconhecem. O povo de Israel precisava confiar nas promessas de Deus, crendo que Ele o haveria de conduzir através dos desafios bastante reais que teriam de ser enfrentados.

Além de confiar nas promessas de Deus, os espias precisavam olhar melhor para si mesmos. Os sábios do judaísmo dizem que eles precisavam enxergar com clareza quem eles eram. Essa é a mensagem que nos chega em um dos trechos mais tocantes da história dos espias. Eles relatam ao povo que tinham visto os amalequitas: "Também vimos ali os nefilins (gigantes); [...] e éramos como gafanhotos aos nossos próprios olhos e também aos olhos deles" (Números 13:33). Eles viam a si próprios como gafanhotos prontos a serem esmagados pelos gigantes. Mas essa autoavaliação estava totalmente equivocada. Lemos mais adiante que os amalequitas e outros cananeus sentiam medo deles. Conforme lemos no livro de Josué, a prostituta Raabe diz a dois outros espias: "Sei que o Senhor vos deu esta terra, porque sobre nós caiu o pavor em relação a vós, e todos os habitantes da terra estão tremendo de medo diante de vós. Ficamos desanimados e, por vossa causa, nenhum homem entre nós tem ânimo; pois o Senhor vosso Deus é o único Deus em cima no céu e embaixo na terra" (Josué 2:10,11). Os israelitas achavam que sabiam o que os cananeus estavam pensando. Esse equívoco se devia à avaliação que faziam de si mesmos. Eles se sentiam frágeis e concluíram que os cananeus também os achavam frágeis.

Demonstrando com clareza como os israelitas estavam enganados, a Torá nos ensina a evitar esse tipo de autodepreciação e de imagem equivocada em relação aos outros. Isso não costuma ser algo fácil. Pense um pouco nas vezes em que você se sentiu inseguro ao ver outras pessoas conversando. Será que você imaginou que elas estavam falando de você? Imaginou quanta coisa negativa podiam estar falando? Quando lanço essas perguntas nas palestras que faço, todos levantam a mão. Mas, na maior parte das vezes, estamos enganados se pensamos que os outros estão falando de nós. Um rabino que conheci costumava dizer em tom de brincadeira que os outros estão ocupados demais pensando em si mesmos e não têm tempo para pensar em nós. Mesmo se admitirmos que isso é verdade, como podemos viver isso na prática? Como é possível controlar os temores de nossa imaginação para que, assim, possamos nos enxergar com mais clareza?

De acordo com os sábios do judaísmo, a resposta se encontra em um versículo da Torá próximo ao nosso texto. Está no capítulo 15, versículos 39,40: "Esta será vossa franja; olhai para ela e lembrai-vos dos mandamentos do Senhor, e a eles obedecei, para que não vos inclineis aos desejos do vosso coração e dos vossos olhos. Assim sereis lembrados de observar todos os meus mandamentos e de serdes santos ao vosso Deus". *Tsitsit são os nós que fazemos nas franjas das vestes.* Geralmente ficam pendurados em uma peça do vestuário chamada *tallit*, usada por baixo ou por cima das roupas do dia a dia.

Os temores dos israelitas são os mesmos que muitos de nós sentimos hoje.

⟨ CAPÍTULO SEIS ⟩

DEUTERONÔMIO

UMA DE MINHAS EXPERIÊNCIAS mais memoráveis foi estudar durante um ano o livro de Deuteronômio juntamente com um pastor cristão. Nós dois nos reuníamos quase toda semana e estudávamos diferentes passagens. As reuniões começavam com uma conversa durante o almoço. Falávamos do poder do estudo bíblico e das várias diferenças entre as interpretações feitas por judeus e cristãos. Ele sugeriu que estudássemos juntos o livro de Deuteronômio. Aquilo me surpreendeu um pouco. Perguntei-lhe por que, entre todos os livros, ele queria estudar Deuteronômio. Ele respondeu: "Porque é o livro da Torá mais citado no Novo Testamento".

Eu não sabia disso e imediatamente concordei em estudarmos juntos. Eu sabia que poderíamos aprender muito um com o outro. Deuteronômio é bem diferente dos outros quatro livros da Torá pelo fato de o enredo da história do povo judeu não avançar muito neste último livro. Ou seja, Deuteronômio narra de novo o que já havia sido registrado em outros livros da Torá e não contém episódios inéditos da história da jornada dos israelitas pelo deserto.

A narrativa se apresenta em uma série de discursos de Moisés. Ele faz duas coisas: relembra a jornada de Israel pelo deserto e diz aos israelitas o que eles precisavam levar consigo para a Terra Prometida. Ele sabe que não irá junto com o povo; por isso, Moisés lhes dá suas últimas instruções e palavras de sabedoria. Moisés deixa seu legado nas lições que compartilha. Vamos analisá-las nos versículos a seguir.

O PODER DAS PALAVRAS

"Estas são as palavras que Moisés dirigiu a todo o Israel do outro lado do Jordão."

Deuteronômio 1:1

Lembremo-nos da vez em que Deus chamou Moisés do meio da sarça ardente. Deus lhe disse que ele deveria voltar ao Egito, falar com o faraó e tirar os israelitas da escravidão, levando-os para a Terra Prometida. Mas Moisés responde a Deus, dizendo que era "pesado de língua" (Êxodo 4:10). Ou seja, ele não falava bem. Alguns estudiosos insinuam que ele podia ter alguma dificuldade para pronunciar as palavras ou algum outro tipo de transtorno da fala. Qualquer que fosse o caso, Moisés não tinha confiança em si mesmo. Ele não se sentia à altura da tarefa. Arão, seu irmão, tornou-se o porta-voz de Moisés diante do faraó.

A essa altura, porém, mais de quarenta anos depois, Moisés não parecia ter nenhum problema relacionado à fala. As palavras vinham com facilidade. Ele aprendera a se expressar. O título do livro em hebraico, *Debarim,* significa "palavras". Deus usa as palavras de Moisés para nos transmitir suas mensagens. Uma delas é que as palavras têm um poder gigantesco.

Talvez já tenhamos ouvido que muitas coisas podem nos ferir, mas jamais as palavras. Será que isso é verdade? Em minha experiência, não. Palavras podem ferir. Podem depreciar. Podem machucar. Mas as palavras também podem soerguer, inspirar e nos aproximar.

Há tanto poder nas palavras, que elas podem até criar coisas do nada! Vemos essa ideia exemplificada nos primeiros capítulos da Torá. Como Deus criou o universo? Pelas palavras. "Deus disse: 'Haja luz'; e houve luz" (Gênesis 1:3). A criação acontece segundo um padrão em que Deus fala e tudo passa a existir. O céu, as águas e a terra passaram a existir mediante as palavras de Deus.

A ideia de que as palavras podem criar novas realidades se aplica a outras partes da vida. Veja, por exemplo, o que acontece em uma cerimônia de casamento. O que constitui um casamento? A declaração dos votos matrimoniais. Nas palavras do filósofo britânico J. L. Austin, os votos constituem uma "declaração performativa".[1] Por meio da enunciação dessas palavras, cria-se um novo relacionamento com força legal. Essa visão pode nos ajudar a sondar mais profundamente a Bíblia e fornecer uma possível resposta a uma das perguntas mais ambíguas da Torá. Em Gênesis 1:26, lemos as famosas palavras ditas por Deus e estudadas no capítulo 2: "Façamos o homem à nossa imagem e semelhança". Embora

---

[1] J. L. Austin, *How to Do Things with Words* (Oxford: Clarendon Press, 1962), 5.

sejam sublimes, essas palavras também são ambíguas. O que significa ser criado à imagem de Deus?

Muitas respostas já foram oferecidas. Segundo Maimônides, é a posse da capacidade da razão e do intelecto. O ser humano age com base no pensamento e não no instinto, e isso reflete nossa centelha da divindade. Para Saadyah Gaon, outro grande comentarista bíblico judeu, significa ter domínio sobre plantas e animais.[2] Outros rabinos acham que ser criado à imagem de Deus é ter livre-arbítrio.[3] Outros comentaristas apontam para a moral e a imortalidade espiritual como sinais da imagem divina em nós. Prefiro outra resposta, que me parece mais simples e exata: o ser humano é criado à imagem de Deus porque, à semelhança dele, criamos por meio das palavras. Deus cria através das palavras o mundo natural, mas nós criamos nosso mundo em sociedade, fazendo uso da linguagem para dar nome àquilo que nos cerca e a outros seres humanos, a fim de instituir relações e dar expressão aos conceitos básicos que ordenam nossa vida. O *Targum*, antiga tradução da Bíblia hebraica para o aramaico, dá a entender essa interpretação ao traduzir as palavras de Gênesis 2:7, *vay'hi ha-adam l'nepesh chayah* (o homem se tornou ser vivente), por "o homem se tornou um ser que *fala*". As palavras nos dão capacidade para distinguir entre passado, presente e futuro. Permitem que descrevamos e entendamos, atribuindo significado a nós e ao nosso mundo. É fácil não dar o devido valor à nossa capacidade de usar as palavras, pois elas nos ocorrem com demasiada

---

[2] Citado por Abraham Ibn Ezra in: *Sefer HaYashar* de Gênesis 1:26.
[3] *Meshech Chochmah*, comentário de Gênesis 1:26.

naturalidade. Uma vez que as aprendamos, falar é tão fácil quanto respirar. Na maior parte das vezes, não prestamos atenção à presença da linguagem em nossa vida, ao poder que ela nos confere e ao tempo e esforço necessários para adquiri-la e dominá-la.

Mas a história de Moisés explica por que o tempo e o esforço empregados valem a pena. Moisés deixa uma condição em que tinha medo de atender ao chamado de Deus, porque achava difícil falar, e passa a ser um líder e profeta que fala com desembaraço a uma multidão de israelitas que fazem planos para entrar na Terra Prometida. As palavras criam e dão sustentação ao nosso mundo. Elas permitem que nos comuniquemos, criemos vínculos e passemos adiante nossas ideias e valores às futuras gerações, à semelhança do que fez Moisés no limiar da Terra Prometida. Descartes, famoso filósofo europeu, fez a seguinte declaração que se tornou famosa: "Penso, logo existo". No judaísmo, poderíamos dizer: "Falo, logo existo".

AMARÁS O SENHOR, TEU DEUS

"Amarás o SENHOR, teu Deus, com todo o teu coração, com toda a tua alma e com todas as tuas forças."

Deuteronômio 6:5

Nos Evangelhos, quando perguntam a Jesus qual o maior dos mandamentos, Ele responde citando Deuteronômio 6, que faz parte da oração dos judeus conhecida como Shemá (veja Mateus 22:34-40). O Shemá começa com as palavras "Ouve, ó Israel! O Senhor é nosso Deus, o único Senhor" (Deuteronômio 6:4). Ela continua com o versículo 5, que nos ordena amar a Deus com todo o nosso coração, com toda nossa alma e com todas as nossas forças.

Quando lemos esse versículo, podemos pensar que a referência a coração, alma e forças pode ser algo puramente retórico. Talvez se trate de uma ênfase na profundidade do amor que devemos ter e manifestar por Deus. Era assim que eu entendia essa referência. Mas os sábios do judaísmo creem que cada palavra da Torá tem seu sentido único e particular. Deus não usa palavras somente para fins de ênfase. Cada palavra acrescenta uma dimensão ao significado de amar a Deus.

Estudaremos uma dimensão por vez, mas antes precisamos entender o significado de amor de uma forma mais ampla. Costumamos pensar em amor como sentimento. Amar outra pessoa ou amar a Deus é ter uma profunda afeição ou devoção ao objeto do nosso amor. Ou seja, amor é essencialmente um substantivo. Quando dizemos que amamos alguém, estamos dizendo que sentimos amor pela pessoa.

No hebraico bíblico, porém, amor é principalmente uma ação. Ela inclui sentimentos, mas amar alguém, por definição, exige certas ações que envolvem coração, palavras e mãos.

Segundo os sábios do judaísmo, amar a Deus com todo o nosso coração significa estudar a palavra de Deus. Eles baseiam essa interpretação no fato de que, no hebraico bíblico, o coração é a sede da mente; ali residem nossa razão e intelecto. Amar a Deus é usar a mente para estudar nossos textos sagrados, os quais têm origem em Deus. Estudá-los é como ler e compreender uma carta de amor. Neste caso, a carta de amor vem de Deus e se chama Antigo Testamento. Portanto, quando nosso texto diz "amarás o Senhor, teu Deus, com todo o teu coração", ele está dizendo que devemos nos ocupar intensamente com o estudo.

Ademais, os sábios do judaísmo observam um aspecto peculiar na grafia da palavra hebraica traduzida por coração. Neste versículo, ela contém uma letra a mais. A grafia comum é *lamedh beth*. No entanto, este versículo usa uma grafia variante: *lamedh beth beth* — com dois *beths*. Todas as cópias antigas descobertas pelos estudiosos trazem essa letra a mais. Alguns afirmam se tratar de uma variante que significa a mesma coisa, mas outros enxergam um sentido oculto nessa grafia. Eles dizem que os dois *beths* se referem às duas inclinações do coração. Em hebraico, elas são conhecidas como *yetzer hatov*, a inclinação para o bem, e *yetzer harah*, a inclinação para o mal. Todos os seres humanos têm as duas inclinações. Uma parte de nosso ser anseia por fazer o bem — praticar atos de bondade — e outra parte inclina-se a fazer o mal — prejudicar e ferir. As duas inclinações sempre estarão conosco; não temos como eliminar a inclinação para o mal. Mas podemos *canalizar* a inclinação maligna e fazer uso de sua energia para a prática do bem. É isso que somos orientados a fazer obedecendo às leis de Deus. No caso do estudo das palavras de Deus, empenhar "todo o nosso coração" significa aplicar ambas as inclinações ao nosso amor por Deus. Não amamos a Deus somente com o *yetzer hatov*, mas também nos valemos da energia do *yetzer harah* e a canalizamos para o estudo e aprendizado. Alguns rabinos usam até mesmo a metáfora do campo de batalha quando se referem ao estudo. A discussão e o debate de ideias é uma forma de batalha na qual fazemos uso de toda a nossa energia agressiva para chegar ao entendimento do que Deus quer de nós. Usar todo o nosso coração significa canalizar integralmente nossas inclinações ao estudar a palavra de Deus.

Os sábios apresentam ainda outra explicação para os dois *beths*. Eles nos lembram de que devemos amar a Deus nas horas boas *e* nas horas ruins. É fácil ser grato a Deus e louvar sua palavra quando os tempos são bons. Podemos ser tentados a achar que Deus está nos mostrando seu favor e, portanto, sentimo-nos bem empregando nosso tempo para o estudo e aprendizado. Todavia, quando os tempos são difíceis, podemos nos sentir tentados a desistir de Deus. É justamente nessas horas que, de fato, podemos amar a Deus com todo o nosso coração. De uma perspectiva religiosa pessoal, vemos aqui o equivalente aos votos que os noivos fazem na cerimônia de casamento: "na alegria e na tristeza". Quando assumimos o compromisso de amar a Deus com todo o nosso coração, estamos prometendo que continuaremos a valorizar seus ensinamentos nas horas boas e ruins.

A segunda parte do versículo diz que devemos amar a Deus com toda a nossa alma. Neste ponto, os sábios do judaísmo apresentam diversas interpretações. A primeira parece a mais óbvia: amar a Deus com todo o nosso coração diz respeito à oração. A alma é energizada pela oração. Mas então os rabinos perguntam: O que é alma? A resposta se encontra na língua hebraica. A palavra traduzida por alma, *nepesh,* também significa "fôlego, respiração". A respiração é a representação física da alma. E a alma nos confere vida. Não temos como viver sem respirar. Por semelhante modo, dizem os sábios, não há como viver sem alma. À semelhança do ato de respirar, a alma é nutrida pelo corpo e por forças que lhe são externas. Não há como respirar sem o oxigênio que nos cerca. Assim também a alma não pode viver sem Deus. Amar a Deus com toda a nossa alma é permitir que o espírito de Deus a permeie através da oração. É confiar nossa alma a Deus.

Joel Hoffman, especialista em linguística, propõe outra interpretação. Ele estabelece um contraste entre alma e coração. Conforme já dissemos, no hebraico bíblico, o coração era a sede do intelecto. A alma é a fonte da respiração. O intelecto é invisível e intangível. A respiração, porém, é tangível. Podemos senti-la entrando e saindo por nossa boca e narinas. Em um dia frio, é possível ver nossa respiração. Segundo Hoffman, este versículo nos convida a amar a Deus com atos tangíveis e intangíveis, com nossos pensamentos e com nossas ações. Ou seja, amamos com nossa fé e com nossos atos.

Essa ideia de amar através da fé e das obras pode ser estendida ao martírio. Os mártires manifestam seu amor por Deus na disposição de abrir mão do próprio fôlego, da própria vida, por Deus. Segundo a tradição judaica, o rabino Aquiba recitou as palavras desses versículos ao morrer na fogueira pelas mãos dos romanos no ano 133. O mártir ama a Deus entregando-lhe seu fôlego de vida e sua alma, os quais, na verdade, são a mesma coisa.

Essa interpretação pode parecer chocante e irrealista para cristãos e judeus do século 21. Hoje quase não se fala em mártires. Mas não é preciso enfrentar o martírio para dar o devido valor à verdade que reside nessa interpretação. O amor sempre implica a disposição de nos sacrificar em favor do objeto de nosso amor. Felizmente, não precisamos fazer um sacrifício desses, mas um soldado que ama seu país está sempre disposto a morrer por ele. Nelson Mandela suportou passar décadas na prisão por amor de seu povo e de seu país. Há pais que morrem por amor dos filhos. Imprimimos nossa alma no objeto de nosso amor, e muitas vezes esse amor mais profundo reflete a disposição de nos sacrificar por ele.

A última parte de nosso versículo diz que devemos amar a Deus com todas as nossas forças. No Antigo Testamento, a terceiro elemento das sequências tríplices costuma ser o mais difícil. Assim, é natural que o mandamento de amar a Deus com todas as nossas forças seja o mais difícil de ser obedecido. Mas o que pode ser mais difícil do que ser um mártir? Acabamos de ver que a interpretação rabínica de amar a Deus com todo o nosso coração remete à disposição de abrir mão da vida por amor à palavra de Deus. Será que amar a Deus com todas as nossas forças é mais difícil que isso?

Para responder a essa pergunta, precisamos entender o que significa amar a Deus com todas as nossas forças. Talvez nos surpreenda saber que os sábios do judaísmo dizem que amar a Deus com todas as nossas forças significa com todos os nossos recursos financeiros. Ou seja, amamos a Deus com todas as nossas forças quando doamos para as causas religiosas e as apoiamos. Na língua hebraica, a palavra que transmite a ideia desse tipo de doação é *tsedakah,* que significa tanto caridade quanto justiça. Mas como doar dinheiro pode ser mais difícil do que doar a própria vida?

O Talmude trata dessa questão sem oferecer uma resposta clara, narrando a história de um homem que atravessa um campo com uma vegetação cheia de espinhos. Ele levanta um pouco a calça para que o tecido não fique arranhado. Mas deixa que as plantas arranhem suas pernas, até que elas comecem a sangrar muito, e ele quase morre. Depois de atravessar o campo, ele começa a orar pedindo ajuda e expressa gratidão por ter conseguido salvar o tecido da calça.

Podemos pensar que ninguém faria uma coisa dessas. Talvez o Talmude esteja exagerando um pouco. Mas a história tem uma mensagem que nos fala fundo: muitas vezes damos prioridade às coisas erradas, sacrificando as que têm valor para preservar o que vale menos. Essa lição se aplica ao modo como lidamos com dinheiro. Muitas vezes sacrificamos aspectos de nossa vida por causa de dinheiro. O martírio é um ato, mas podemos abrir mão de aspectos importantes da vida por causa de dinheiro. Não me refiro aos que enfrentam lutas na vida financeira ou ao simples fato de que a maior parte das pessoas precisa trabalhar para garantir casa e comida. Mas pense naqueles que fazem horas extras no trabalho e sacrificam o tempo que poderiam passar com marido, esposa, pais ou filhos. Ou pense nas vezes em que fazemos longos percursos a pé, talvez debaixo de chuva, para economizar uma quantia que facilmente poderíamos pagar em uma corrida de táxi. Atos como esse podem refletir simplesmente a preocupação em economizar. Outras vezes, porém, podem revelar um desejo irracional de correr grandes riscos para economizar um pouco de dinheiro. Certa vez, li um artigo de jornal que tratava dos hotéis em Las Vegas que se preocupavam em impedir que a janela dos quartos se abrisse muito, de modo que os que perdiam muito dinheiro nos cassinos não ficassem tentados a pular pela janela. A verdade é que, para alguns, o dinheiro pode ser mais importante que a vida.

Assim, amar a Deus com todas as nossas forças é pegar a energia que despenderíamos economizando dinheiro e empregá-la em nosso favor, estudando e vivendo a palavra de Deus. Não se trata somente de doar dinheiro para instituições religiosas, embora esse ato seja importante. É permitir que nosso amor por Deus transpareça em cada ato que praticamos e cada bem que possuímos. O dinheiro tem uma importância gigantesca na sociedade, e não temos consciência de boa parte dessa importância a ele atribuído. Pense em como valorizamos nosso trabalho e nosso tempo. Atribuímos valor ao tempo quando pagamos alguém que recebe por hora trabalhada. O dinheiro controla nossos hábitos do dia a dia. E se permitíssemos que nosso amor a Deus exercesse o mesmo controle? E se atribuíssemos valor ao que fazemos com base no amor a Deus que nossos atos refletem e não na quantia que recebemos ou gastamos? Esse é o desafio que nos é feito pelo mandamento de amar a Deus com todas as nossas forças.

Parte do poder desse versículo está no fato de que ele nos ajuda a enxergar o amor não simplesmente como um substantivo, mas também como um verbo. Amamos a Deus de variadas formas. Amor não é só um ato. É um conjunto de práticas e compromissos que assumimos. Outra interpretação importante foi apresentada pelo colega pastor e amigo com quem estudei Deuteronômio. Ele afirmou que os três tipos de amor neste versículo correspondem a três aspectos da Trindade. O Pai corresponde ao ato de amar a Deus com todas as nossas forças. O Filho representa o amor com todo o nosso coração, e o Espírito Santo é o ato de amar com toda a nossa alma. Nessas diferentes interpretações vemos as múltiplas formas pelas quais Deus nos fala hoje.

GRATIDÃO

"Cuidado para que o teu coração não se exalte e te esqueças do Senhor, teu Deus [...] E não digas a ti mesmo: 'Meu poder e a força de minhas próprias mãos me adquiriram estas riquezas'. Lembra-te de que o Senhor, teu Deus, é quem te dá poder para adquirires riquezas, em cumprimento da aliança que Ele fez sob juramento com teus pais e também nos dias de hoje."

Deuteronômio 8:14,17,18

Existe um antigo dito popular que se refere às famílias que conseguem sair da pobreza, mas voltam a ela depois de três gerações. A primeira geração começa na condição de operários, mas alcançam sucesso nos negócios e enriquecem. Eles então deixam uma rica herança para os filhos, que desfrutam de seus benefícios, mas, por sua vez, entregam de mão beijada para os filhos a riqueza conquistada pela primeira geração. A terceira geração esbanja o restante da riqueza e se vê obrigada a voltar ao trabalho na condição de operários. A verdade por trás dessa historieta é que é fácil ficar mal-acostumado. Sempre que não precisamos trabalhar para conquistar alguma coisa, podemos ter a impressão de que temos direito a ela. Quando achamos que temos direito a alguma coisa, podemos facilmente perdê-la.

Esse versículo expressa a preocupação divina com a possibilidade de acontecer algo assim com os israelitas na Terra Prometida. Na peregrinação pelo deserto, Deus lhes dava tudo o que era necessário. Deu-lhes o maná para que pudessem comer e uma nuvem de fogo para guiá-los pelo caminho. Ele orientou Moisés para o exercício da liderança. Os israelitas não eram mais escravos. Deus lhes supria todas as necessidades. E outras coisas ainda viriam. Eles estavam na iminência de herdar a Terra Prometida, terra da qual manavam leite e mel. Deus lhes daria vitória sobre as tribos que ali viviam, e eles poderiam construir casas e formar cidades. Deus preparou o caminho para eles.

No entanto, na hora em que se fixassem na terra e desfrutassem de sua fartura, é perfeitamente possível que começassem a pensar nessas coisas como se tivessem direito a elas. Poderiam pensar que a fartura era consequência de esforço próprio e que, sozinhos, haviam conquistado a terra. Ou pensar que eles mesmos conseguiram sair do Egito. E se esqueceriam do papel desempenhado por Deus. Eles iriam dizer o que lemos em nosso versículo: "Meu poder e a força de minhas próprias mãos me adquiriram estas riquezas". No momento em que assim pensassem, estariam no limiar da rota de declínio. Eles se afastariam dos caminhos de Deus e perderiam a Terra Prometida. Boa parte de Deuteronômio é uma advertência aos israelitas para que evitem essa rota. Mas a realidade do livre-arbítrio significa que eles podiam seguir por esse caminho. Por isso, Moisés constantemente enfatiza o imperativo de reconhecerem a generosidade de Deus. A força positiva do versículo está na importância da gratidão, que impediria que os israelitas se esquecessem da fonte da fartura em que estariam vivendo.

Aliás, a gratidão está presente ao longo da Torá por se tratar de um imperativo espiritual. Se olharmos atentamente para a ideia de gratidão, perceberemos que, sem Deus, ela quase não faz sentido. Pense nisso. Se não temos nenhuma ideia de Deus e achamos que os seres humanos e a terra resultaram da passagem do tempo e de mutações aleatórias, então tudo o que temos e apreciamos é fruto do acaso. Mesmo que tenhamos tido pais que nos sustentaram e sejamos gratos a Deus, até o fato de termos tido tais pais assim é simplesmente fruto do acaso. No final das contas, tudo o que nos cerca é uma questão de sorte. Em casos assim, a gratidão pode ser saudável de uma perspectiva psicológica. Pode fazer com que nos sintamos bem. Mas ela não assume nenhum significado espiritual, pois não há alguém de fato responsável por aquilo que recebemos. Não há uma fonte suprema à qual possamos agradecer.

Todavia, quando enxergamos o universo como criação de Deus, sabemos a quem ser gratos. A oração se torna uma manifestação de gratidão ao nosso Criador. A palavra em hebraico traduzida por judeu é *Yehudi,* cuja raiz é a mesma da palavra gratidão, *todah.* Os sábios do judaísmo viam na ação de graças o ato central da vida judaica. A primeira oração no livro de oração do judaísmo é de gratidão, e a lei judaica nos instrui a recitá-la no momento em que acordamos pela manhã.

O livro de Deuteronômio ajuda-nos a enxergar possíveis obstáculos a esse sentimento de gratidão. Deus não avisaria os israelitas do que poderia acontecer se aquilo não fosse altamente provável. O fato é que tudo isso acabou acontecendo, levando à conquista da terra pelos babilônios e, mais tarde, pelos romanos.

Deus adverte o povo contra dois tipos de prerrogativa. A primeira é aquela que nos deixa mal-acostumados por causa do que herdamos ou desfrutamos sem esforço de nossa parte. É como se um bebê nascesse em berço de ouro e pensasse que isso aconteceu por uma questão de mérito próprio. No capítulo 6 de Deuteronômio, Deus adverte contra essa mentalidade de prerrogativa, quando Moisés diz ao povo que ele entrará em uma "terra com grandes e boas cidades que não edificaste, com casas cheias de coisas boas que não encheste, com cisternas que não cavaste, com vinhas e oliveiras que não plantaste" (Deuteronômio 6:10,11). Eles corriam o risco de se esquecerem de que Deus os havia levado até ali. Podiam pensar que mereciam tudo aquilo, mesmo que não tivessem feito nada para merecê-lo. Seriam como o bebê que se acha merecedor do berço de ouro.

O segundo tipo de prerrogativa é aquele que advém da prosperidade resultante do trabalho das pessoas. Elas criam o gado, plantam o que colherão para comer, edificam suas casas e delas desfrutam. Realmente, elas têm seus méritos. Mas quem lhes permitiu conquistar essas coisas todas? O segundo tipo de prerrogativa apresenta outro tipo de perigo. Não é o perigo de que os israelitas ficassem mal-acostumados, mas de que começassem a se vangloriar, em vez de darem glória a Deus.

Ambos os tipos de prerrogativa nos afastam da gratidão. Ela é substituída por orgulho e arrogância. Temos aqui uma faceta que pode ser esquecida com muita facilidade. Deus não está dizendo que o ser humano não tem participação alguma na obtenção de riquezas ou felicidade. Não é pecado admitir o papel dos nossos esforços para criar e construir. Cada um de nós nasce com talentos únicos como, por exemplo, jeito para negócios ou para pensamento crítico. Podemos usá-los para o bem da sociedade e de nós mesmos. O pecado se instala quando passamos a acreditar que somos os únicos responsáveis por esses talentos. Nissim Gerondi, um dos grandes rabinos do período medieval, faz essas distinções quando aponta para um detalhe sutil do texto. Ele escreve: "Uma vez que suas habilidades naturais são uma dádiva [e não uma conquista], você deve sempre se lembrar daquele que a concedeu e de onde ela vem. É por isso que Moisés diz: 'Lembra-te de que é o Senhor, teu Deus, quem te dá poder para adquirires riquezas'; ele não diz: 'Lembra-te de que é o Senhor, teu Deus, quem te dá riquezas'. [...] Moisés está dizendo que seu poder lhe conquistou riquezas, mas você deve se lembrar de que foi Deus quem lhe concedeu esse poder.[4]

As riquezas podem ser geradas com a ajuda de nossa capacidade, mas a capacidade é concedida por Deus. Moisés adverte os israelitas para que sejam sempre gratos e não se esqueçam disso.

Lembrar é a única maneira de não esquecer. Isso pode parecer um argumento circular, mas lembrar é muito mais do que não esquecer. É preciso um esforço consciente por meio dos rituais, do aprendizado e da oração. Esses atos combatem a ingratidão e o esquecimento. Um dos atos cruciais é a Páscoa, que estudamos mais a fundo no terceiro capítulo. Mas parte do que devemos observar está no ato de recitar uma passagem que encontramos um pouco mais adiante em Deuteronômio. É o último versículo de Deuteronômio que vamos examinar aqui.

> "O sacerdote pegará o cesto da tua mão e o colocará em frente do altar do SENHOR, teu Deus. E, diante do SENHOR, teu Deus, recitarás: 'Meu pai era um fugitivo arameu. Desceu para o Egito com um número pequeno de pessoas, e viveram ali por um tempo; mas ali ele se tornou uma nação grande e numerosa. Os egípcios nos trataram mal e nos oprimiram, impondo-nos trabalhos pesados. Clamamos ao SENHOR, Deus de nossos pais, e Ele ouviu nosso clamor e viu nossa situação, nosso sofrimento e nossa opressão. E o SENHOR nos libertou do Egito com mão forte, com braço estendido e poder impressionante, por sinais e maravilhas;

---

[4] Held, *Heart of Torah*, 262.

Ele nos trouxe a este lugar e nos deu esta terra, terra que mana leite e mel. Portanto, agora trago os primeiros frutos do solo que Tu, ó S‍enhor, me deste'. E os deixarás perante o S‍enhor, teu Deus, e te curvarás diante do S‍enhor, teu Deus."

Deuteronômio 26:4-10

Essa passagem é esclarecedora e, ao mesmo tempo, difícil de entender. Ela nos revela a função da memória na Bíblia e na espiritualidade. Mas, antes de lidarmos com isso, vejamos qual é exatamente o assunto da passagem.

O local é Jerusalém na época da primeira colheita do ano. Logo depois de colhidos os primeiros frutos, os israelitas de toda a nação deviam apresentá-los a Deus no Templo em Jerusalém. Deviam entregá-los a um sacerdote, presenciar o ato de serem colocados no altar pelo sacerdote e recitar as palavras de Deuteronômio 26:5-10. Esses versículos resumem a história do nascimento do povo judeu, sua redenção do Egito por meio da ação de Deus e a libertação da escravidão.

É improvável que a maioria dos israelitas de fato fosse até a Jerusalém, levando os primeiros frutos da colheita. Eles teriam de fazer uma viagem árdua e nada prática, principalmente no início da colheita, quando o trabalho nos povoados era imprescindível. Alguns estudiosos sugerem que algumas pessoas de cada cidade reuniam os primeiros frutos dos moradores e os levavam para Jerusalém em nome do povo da cidade. Os sacerdotes recebiam os primeiros frutos em grandes grupos, recitavam a passagem, guardavam um pouco do que lhes era entregue, e o restante era distribuído entre o povo e os outros sacerdotes de Jerusalém.

Esse ritual ensinava duas lições essenciais. A primeira está na própria ideia dos primeiros frutos. Os israelitas consideravam os primeiros frutos os melhores da safra. Eles não deveriam ofertar as sobras. Eles davam o que tinham de melhor, pois, no final das contas, Deus era responsável por aquilo que eles produziam. Eles honravam a Deus oferecendo o que tinham de melhor.

Podemos fazer uma relação entre isso e onde concentramos nossos esforços e nossa atenção na vida. Quais as nossas prioridades? O que colocamos em primeiro lugar? Seria nosso trabalho? Nossa diversão? Nossa família? Nosso carro? Nossa igreja ou sinagoga? Para os antigos israelitas, Deus estava em primeiro lugar.

A oferta dos primeiros frutos também era um sinal de confiança. Mas, e se os primeiros frutos fossem o únicos daquela safra? É bem provável que esse temor fosse bem real. Quando os israelitas os ofereciam como oferta, estavam manifestando a confiança de que, no final das contas, Deus faria a provisão. Em alguns casos, é provável que isso fosse assustador. Podemos chegar a pensar que não havia nada de prático nesse ato. Como eles haveriam de sobreviver se estavam se desfazendo de todos os primeiros frutos? É neste ponto que aprendemos o que é fé. A disposição dos israelitas para oferecer esse sacrifício permitia que Deus lhes preenchesse a vida. O sacrifício que eles apresentavam lhes abria o coração. Fé não é certeza. Nas palavras do rabino Jonathan Sacks, é a coragem para viver no meio das incertezas. A oferta dos primeiros frutos enchia os israelitas de coragem. Podemos não ser agricultores nos dias atuais, mas os sacrifícios que fazemos podem ter sobre nós um efeito semelhante.

Esses versículos de Deuteronômio 26 também sublinham a importância da memória. Antes de examinar essa ideia, porém, precisamos entender exatamente o que é memória. Memória e história são coisas diferentes. História é o estudo crítico do passado. É o que se ensina na maioria das universidades. Para estudar o passado, olhamos para documentos e objetos da época. Tentamos formar uma imagem nítida do que aconteceu. Procuramos causas e efeitos e estabelecemos vínculos entre os acontecimentos para explicar o que aconteceu e por que aconteceu. Esse tipo de história não procura julgar o passado nem extrair lições. Procura apenas retratar o que aconteceu.

Memória é outra coisa. Memória é algo que diz respeito ao presente e ao passado. É aquilo que lembramos e não exatamente o que aconteceu. Os *detalhes* do passado são menos importantes do que o *significado* do passado. História é o que aprendemos na escola ou faculdade. Memória é aquilo que preservamos em nosso lar e nos locais de adoração. Isso não significa que memória e história excluem um ao outro. Memória não é o contrário de história. Ela desempenha uma função diferente. É como a diferença entre prosa e poesia. As duas são tipos de literatura. Mas têm funções distintas em nossa mente e coração.

Essa passagem de Deuteronômio diz respeito à memória. Ela narra a história do povo judeu de uma forma que cala fundo no coração dos moradores da terra de Israel. Ela cria uma plataforma sobre a qual interpretar o passado e o presente. Essa plataforma é o exílio e a volta. Mas a passagem guarda também certa ambiguidade, e esta serve a um propósito importante.

A ambiguidade aparece nas palavras iniciais: "Meu pai era um arameu errante". A quem o texto está se referindo?

Os rabinos apontam para duas possibilidades. A mais provável é que o arameu errante se refira a Jacó. A família de Jacó remonta a uma região do Oriente Médio conhecida como Arã e, consequentemente, Jacó era considerado arameu. Jacó, seus filhos e descendentes são claramente os que desceram para a terra do Egito, onde acabaram se transformando em uma nação.

A outra interpretação diz que o arameu errante é Labão, tio de Jacó. Labão é retratado como arameu. Os rabinos chegam a essa conclusão lendo o texto hebraico de maneira levemente diferente da tradicional. Lembre-se de que o hebraico bíblico não tem vogais nem pontuação. Por isso, não fica muito claro onde as vírgulas e os pontos finais devem ser inseridos. Com base na tradição e nos significados da palavra, temos uma ideia geral de onde eles devem ser colocados, mas sempre há espaço para interpretações. No caso em questão, os sábios do judaísmo deixam de lado a leitura cerimonial costumeira, "Meu pai era um arameu errante", e leem "Um arameu errante tentou eliminar meu pai". Essa leitura troca a palavra hebraica tradicional, *obed*, que significa "errar, perambular", por *ibed*, que significa "eliminar, destruir". Nenhuma letra da Torá é trocada. Esses intérpretes alteram as vogais tradicionalmente usadas. Esse tipo de interpretação é comum. Em nosso caso, o arameu errante (Labão) tentou eliminar nosso pai (Jacó). Essa leitura faz sentido porque, no livro de Gênesis, Labão perseguiu Jacó, depois que este deixou de trabalhar e saiu levando suas duas filhas e boa parte do rebanho.

Essa ambiguidade não é simplesmente uma questão de contorcionismo hermenêutico. Ela reflete duas verdades centrais da história dos judeus. Somos um povo errante. Nossa jornada começou quando Deus chamou Abraão e lhe disse que saísse de sua terra e seguisse para a Terra Prometida. Também somos um povo que outros tentaram eliminar. Labão foi apenas o primeiro a tentar fazer isso. Desde o faraó do Egito até a Alemanha nazista, tiranos e seus apoiadores têm tentado nos destruir. Esses versículos captam essa verdade e essa memória.

Qual tem sido o segredo de nossa sobrevivência? Como o povo judeu sobreviveu, mesmo tendo perambulado e vivido por todo o mundo durante milhares de anos sem uma terra própria e perseguido por nações que procuravam destruí-lo? Muitas nações e grupos étnicos desapareceram ao longo da história. Mesmo na Bíblia vemos referências aos jebuseus, hititas e amorreus, mas nenhum deles existe hoje. Os israelitas, porém, permaneceram.

Os historiadores podem tentar explicar esse fenômeno apontando para o modo como os judeus têm se adaptado às culturas que os cercam e criado novas estruturas para preservar a comunidade, sempre que estruturas anteriores, como o Templo de Jerusalém, eram destruídas. Eles também apontam para costumes distintamente judaicos, como as normas de alimentação e uma língua única, o hebraico, que serviu para manter o vínculo entre os judeus e para erguer um muro virtual entre eles e outros povos. Pense no caso dos amish. Uma das razões pelas quais eles sobrevivem está no fato de terem erguido uma barreira entre eles e a cultura predominante. Outros historiadores podem até insinuar que o antissemitismo conservou a existência do povo judeu porque nos isolou como grupo. Muitos pensadores judeus têm chegado à mesma conclusão.

Mas nosso texto em Deuteronômio tem uma resposta diferente. É uma resposta que se baseia na fé, não na história.

Ela não dá crédito aos costumes peculiares nem ao antissemitismo, mas a Deus. Ele manteve o povo judeu vivo porque fez uma promessa através da aliança. Deus protegeria o povo judeu, e o povo continuaria fiel a Ele. Mesmo quando o povo se desviava e tropeçava, e mesmo quando achava que Deus havia se ausentado, Ele garantia a sobrevivência do povo judeu. Lemos: "Clamamos a Deus, e Deus ouviu a nossa voz".

Quando os israelitas do Antigo Testamento liam essa passagem, eles se viam no texto. Eles são a prova de que Deus ouviu a voz de seus ancestrais. O texto se refere à produção do povo. O que o texto está retratando é o trabalho. Eles são o legado e o cumprimento da visão do texto.

E nós também somos. Repetindo, embora não trabalhemos como agricultores e não levemos nossos frutos a Jerusalém, somos o legado vivo das promessas que Deus fez a Abraão. Por isso, o Antigo Testamento continua sendo importante para os cristãos. Podemos ter divergências importantes, mas judeus e cristãos fazem parte da mesma história. E o Antigo Testamento continua como vínculo que nos liga a Deus e uns aos outros.

Sua opinião é importante para nós.

Por gentileza, envie-nos seus comentários pelo e-mail:

editorial@hagnos.com.br

Visite nosso site:

www.hagnos.com.br